技工院校一体化课程教学改革汽车维修专业教材

新 车 检 查

人力资源和社会保障部教材办公室组织编写

中国劳动社会保障出版社

内容简介

本书主要内容包括认识工作环境、汽车整车认知、新车交接检查（PDI 检查）三个学习任务。

图书在版编目(CIP)数据

新车检查/人力资源和社会保障部教材办公室组织编写．—北京：中国劳动社会保障出版社，2012

技工院校一体化课程教学改革汽车维修专业教材

ISBN 978-7-5045-9939-1

Ⅰ.①新… Ⅱ.①人… Ⅲ.①汽车管理-技工学校-教材 Ⅳ.①U492.2

中国版本图书馆 CIP 数据核字(2012)第 194019 号

中国劳动社会保障出版社出版发行

（北京市惠新东街 1 号　邮政编码：100029）

出 版 人：张梦欣

*

北京市艺辉印刷有限公司印刷装订　新华书店经销

787 毫米×1092 毫米　16 开本　9.75 印张　231 千字

2012 年 9 月第 1 版　2023 年12月第19次印刷

定价：39.00 元

营销中心电话：400-606-6496

出版社网址：http://www.class.com.cn

http://jg.class.com.cn

技工院校一体化课程教学改革教材编委会名单

编审委员会

主　任：王晓初

副主任：吴道槐　张　斌　张梦欣　金　龄　张亚男　王晓君

委　员：冯　政　田　丰　翟　涛　万　象　何绪军　刘　春　王雪宁
　　　　蔡　兵　陈　蕾　蒋燕辰　刘素华

编审人员

主　编：王正旭

参　编：金君堂　陈金伟　吴继坚

主　审：刘炽平　甘　路

顾　问：朱永亮　张利芳　张晓梅

序

人才是我国经济社会发展的第一资源，技能人才是人才队伍的重要组成部分。党中央、国务院高度重视技能人才队伍建设工作，2009 年 12 月，胡锦涛总书记在视察珠海市高级技工学校时指出："没有一流的技工，就没有一流的产品"、"技能型人才在推进自主创新方面具有不可替代的重要作用"。技工院校是系统培养技能人才的重要基地。多年来，技工院校始终紧紧围绕国家经济发展和劳动者就业，以满足经济发展和企业对技术工人的需求为办学宗旨，形成了鲜明的办学特色，为国家培养了大批生产一线技能劳动者和后备高技能人才。

当前，我国处于全面建设小康社会的关键时期，随着加快转变经济发展方式、推进经济结构调整以及大力发展高端制造产业等新兴战略性产业，迫切需要加快培养一大批具有精湛技能和高超技艺的技能人才。为了遵循技能人才成长规律，切实提高培养质量，进一步发挥技工院校在技能人才培养中的基础作用，从 2009 年开始，我部借鉴国内外职业教育先进经验，在全国 17 个省（区、市）的 30 所技工院校启动了一体化课程教学改革试点工作，推进以职业活动为导向，以校企合作为基础，以综合职业能力培养为核心，理论教学与技能操作融合贯通的一体化课程教学改革。这项改革试点将传统的以学历为基础的职业教育转变为以职业技能为基础的职业能力教育，促进了职业教育从知识教育向能力培养转变，努力实现"教、学、做"融为一体，收到了积极成效。改革试点得到了学校师生的充分认可，普遍反映一体化课程教学改革是技工院校一次"教学革命"，学生的学习热情、教学组织形式、教学手段和学生的综合素质都发生了根本性变化。试点的成果表明，一体化课程教学改革是转变技能人才培养模式的重要抓手，是推动技工院校改革发展的重要举措，也是人力资源社会保障部门加强技工教育和在职业培训工作的一个重点项目。

教学改革的成果最终要以教材为载体进行体现和传播。根据我部推进一体化课程教学改革的要求，一体化课程改革专家、几百位试点院校的骨干教师以及中国人力资源和社会保障出版集团的编辑团队，用了三年多的时间，组织实施了一体化课程教学改革试点，并将试点中形成的课程成果进行了整理、提炼，汇编成“活页”教材。这套教材不仅在形式上打破了传统教材的编写模式，而且在内容上突破了传统教材的结构体例，在国内职业教育培训教材领域中均属首创。这套教材及配套资料的出版，不仅是本次一体化课程教学改革试点工作的阶段性总结，也是一体化课程教学改革不断深化和全面推广的一个起点。希望全国技工院校将一体化课程教学改革作为创新人才培养模式、提高人才培养质量的重要抓手，进一步推动教学改革，促进内涵发展，提升办学质量，为加快培养合格的技能人才作出新的更大贡献！

人力资源和社会保障部副部长

王晓初

二〇一二年八月

活页式教材使用说明

◆ 页码编排方式

为了更加方便地在教材中增删和替换内容，页码采用“学习任务编号－学习活动编号－页码号”三级编排形式，如“3-2-4”表示“学习任务三”的“学习活动2”的第4页。

◆ 过程评价表使用方法

教材中设计了“自评表”、“互评表”、“教师总评表”、“综合评价表”等评价表格，表头上有“班级”、“姓名”、“学号”等信息栏，从活页教材中取出评价表填写后可以单独提交。

◆ 教材内容更新方法

中国人力资源和社会保障出版集团将根据一体化课程教学改革的推进以及科学技术的发展和不同地域的需要，不断补充和更新教材中的学习任务和学习活动，学校可以从“技工院校一体化教学资源网（http：//yth.cott.org.cn）”下载（需在网站注册）。通过网站还可以了解到更多的一体化课程教学改革信息和下载相关资源。

◆ 便携式活页夹和 PVC 保护板使用方法

使用教材中附赠的便携式活页夹，可以灵活方便地将教材中部分内容携带至一体化教学场地。教材内附的整张 PVC 保护板可以作为学习记录垫板使用。

◆ 参考用书选用方法

在学习过程中，学生需要查阅大量参考资料，下表为中国人力资源和社会保障出版集团出版的适宜本专业一体化教学使用的参考书目录。

汽车维修专业一体化教学参考书目录（中级阶段）

序号	书号	书名
1	978-7-5045-8590-5	汽车文化
2	978-7-5045-8832-6	汽车结构
3	978-7-5045-8843-2	汽车识图
4	978-7-5045-8914-9	机械常识与维修基础
5	978-7-5045-8422-9	汽车电路知识与基本操作技能
6	978-7-5045-9057-2	汽车发动机构造与维修
7	978-7-5045-7647-7	汽车电控发动机构造与维修
8	978-7-5045-8874-6	汽车底盘构造与维修
9	978-7-5045-9005-3	汽车电气设备构造与维修
10	978-7-5045-8457-1	汽车底盘与车身电控技术
11	978-7-5045-7574-6	汽车自动变速器构造与维修
12	978-7-5045-8508-0	汽车维护实训
13	978-7-5045-8421-2	汽车故障诊断

目　录

学习任务一　认识工作环境

1. 能通过走访或查询资料等方法，了解汽车维修企业的类型及特点。

2. 能走访并调研汽车维修企业，通过咨询了解汽车维修岗位的业务范围、组织结构、服务流程、设施设备等内容。

3. 能识别工作环境的安全标识。

4. 能严格遵守安全规章制度，规范穿戴工装和劳动防护用品。

5. 能了解企业环保要求，树立正确的废弃物处理观念。

6. 能按照5S现场管理要求，对实训室、工作现场、实习车间的工具、设备、场地等进行管理。

7. 能主动获取有效信息，展示工作成果，对学习与工作进行总结和反思。

8. 能与他人合作，进行有效沟通。

12学时

某汽车维修企业因发展需要，招聘了一批汽车修理工岗位的新员工，为了尽快让这批新员工了解本企业的工作环境、组织结构、岗位职责以及安全操作规程，养成正确穿戴工装和劳动防护用品的良好习惯，学会按照5S现场管理规定清理场地、归置物品，按环保要求处理废弃物，该企业需要对这批新员工进行规定的上述入职基础培训，为下一步汽车维护、汽车维修等技能培养奠定基础。

工作流程与活动

学习活动 1　汽车维修企业岗位认知（4 学时）

学习活动 2　汽车维修企业规章、制度认知（6 学时）

学习活动 3　5S 现场管理实施（2 学时）

学习活动1　汽车维修企业岗位认知

学习目标

1. 能通过走访及查询资料等方法，了解汽车维修企业的类型及特点。

2. 能走访并调研汽车维修企业，了解汽车维修企业的业务范围、组织结构、服务流程、设施设备等内容。

3. 能总结并归纳调研内容，撰写岗位认知调研报告。

4. 能主动获取有效信息，展示工作成果，对学习与工作进行总结和反思。

建议学时　4学时

学习准备

1. 国家标准《汽车维修业开业条件》（GB/T 16739—2004）。
2. 照相机、录音笔等调研设备。
3. 各种走访调研表（自制，格式不定）。
4. 互联网资源、展示白板。

学习过程

汽车修理工的职业定义为使用工具、夹具、量具、仪器仪表及检修设备进行汽车的维护、修理和调试的人员。现代的汽车维修企业已经不是传统意义上的汽车修理厂了，它的业务范围有了新的拓展，经营项目也十分广阔。汽车维修人员与钳工、车工、铣工等普通工种有着本质上的区别，他们需要了解的业务范围更加宽泛（如汽车营销方面的业务知识），接触的工具、设备、仪器仪表等根据不同的服务类别也有所不同。因此，要想了解汽车修理工的工作环境，必须首先了解汽车维修企业的类型。不同类型的汽车维修企业的业务范围、服务流程、组织结构等有所不同，而了解这些区别有利于对汽车维修工作环境有进一步的认识。

一、认识汽车维修企业的类型

1. 作为一名汽车维修专业的学生，你在日常生活中经常能见到哪些类型的汽车维修店？下面分别给出了三种类型的汽车维修店——汽车 4S 店、汽车连锁经营店、汽车快修店（路边店），请你在课余时间，利用走访、调研等方式，走进这些汽车维修店实地参观一下，从多个角度实际感受一下它们之间的不同。

汽车维修店类型	实际感受
 汽车 4S 店	
 汽车连锁经营店	

续表

汽车维修店类型	实际感受
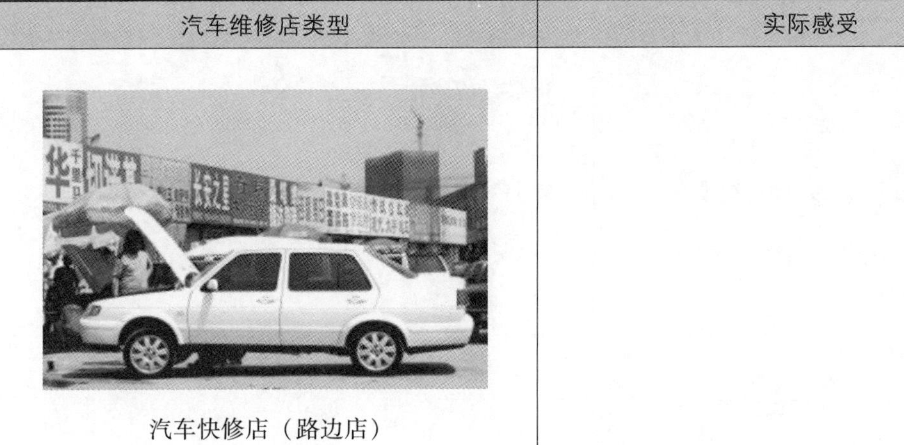 汽车快修店（路边店）	

2. 汽车维修企业分类的主要依据是生产规模、拥有的主要生产设备和检测设备、技术人员及生产技术工人的数量等因素。请查阅国家标准《汽车维修业开业条件》(GB/T 16739—2004)及其他有关资料，按照以下三种分类方式对汽车维修企业进行分类，并描述各种类型汽车维修企业的定义及主要特点。

分类方式	汽车维修企业名称	定义及主要特点
按照行业管理分类	汽车整车维修企业 （一类、二类汽车维修企业）	一类汽车维修企业： 二类汽车维修企业：
	汽车专项维修业户 （三类汽车维修企业）	

续表

分类方式	汽车维修企业名称	定义及主要特点
按照经营形式分类	3S 或 4S 特约维修站	3S 特约维修站： 4S 特约维修站：
	连锁经营店	
按照经营项目分类	现在汽车维修企业的经营项目一般包括：	

备注：“定义及主要特点”一栏主要从经营业务范围，设施条件，专用设备规格、数量，主要检测设备条件，人员素质及数量，服务规范程度，维修质量保证及维修价格等方面进行描述。

3. 汽车 4S 店是目前比较常见的汽车维修企业，它采用“四位一体”的汽车特许经营模式，这里所说的四位一体是指 4 个以英文字母 S 开头的单词的含义。请查阅资料，将 4S 的英文单词及含义写下来。通常也有 6S 店一说，那么 6S 的含义又是什么呢？

4S、6S 的含义

1. ________________（英文单词）代表________________
2. ________________（英文单词）代表________________
3. ________________（英文单词）代表________________
4. ________________（英文单词）代表________________
5. ________________（英文单词）代表________________
6. ________________（英文单词）代表________________

4. 汽车 4S 店具有统一的外观形象、统一的标识、统一的管理标准、只经营单一的品牌等特点。请查阅相关资料，分析与其他汽车维修企业相比，4S 店的优势有哪些？

二、走进汽车维修企业

在了解了汽车维修企业的类型之后，教师组织学生，以小组形式进入某汽车维修企业进行参观，在参观过程中，学生需要携带照相机、录音笔、调研表（自制）等工具，对汽车维修企业工作环境、工作设备、工作内容等进行了解。从进入该汽车维修企业开始，会有相关人员带领进行参观，请认真做好记录，并拍摄相应的主题照片。回答下列问题。

1．认真聆听参观介绍，并以图文结合的形式说明该汽车维修企业的业务范围包括哪些？（举例如下。其他业务范围请学生自制表格或卡片补充说明，贴在下列空白处。注意，尽量补充得全面一些）

图片	业务范围

2. 认真观察汽车维修企业内部工作环境，你在该企业中都看到了哪些主要设备、工具等？这些设备、工具有什么用途？（举例如下。采用图文结合的形式列表给出，请学生自制表格或卡片补充说明，贴在下列空白处）

图片	工具、设备名称及用途

3. 在汽车维修企业里，有许多重要的岗位，如企业负责人、技术负责人、汽修业务员、价格核算员、总检验员、进厂检验员和机修主修人员、电子电器维修主修人员、车身修复主修人员、车身涂漆主修人员、采购员等，每一个不同的岗位都有不同的工作职责。请采访或咨询你所参观汽车维修企业的汽修业务员，了解一线汽修业务员的岗位职责包含哪些内容?

4. 下图所示是某二类维修企业的组织结构图，请模仿下图，调研并绘制你所参观的汽车维修企业的组织结构图，并简要说明各主要部门的职能。

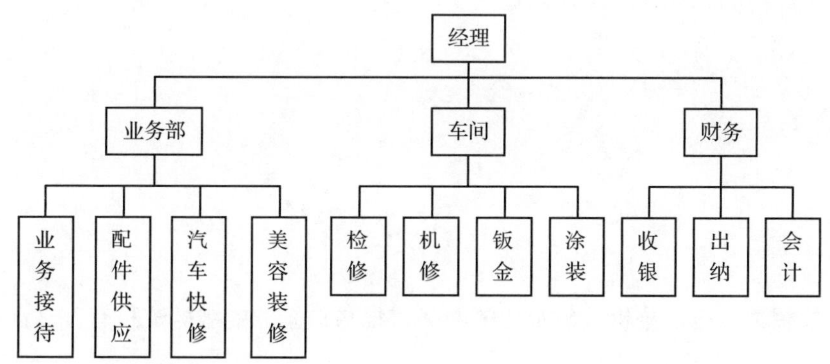

绘制你所参观维修企业的组织结构图：

5. 下图所示是该汽车维修企业的服务流程简图，请咨询企业相关岗位人员，回答下列问题。

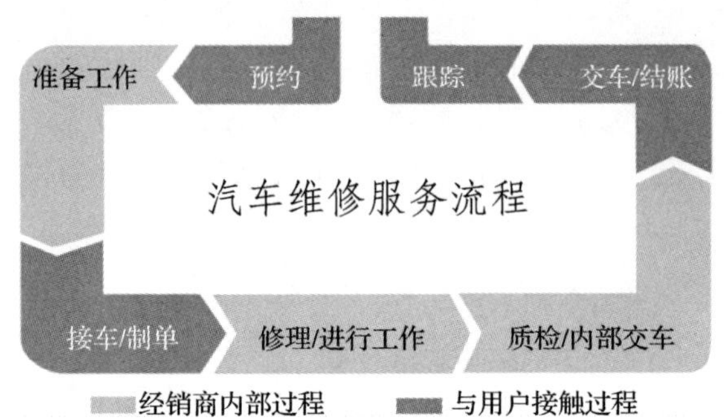

（1）该企业的汽车维修服务流程是什么?

（2）每个流程的服务要点是什么?

（3）查找相关资料，分析其他企业的服务流程与该企业的服务流程有什么区别?

三、撰写岗位认知调研报告

为了对汽车维修岗位及其工作环境有更好、更深刻地认识，为后续汽车维修工作奠定基础，在完成上述参观、调研工作后，请同学们自愿结组，以小组为单位，以调研的一手材料和照片为依据，通过集体讨论，以分工合作的方式撰写一份汽车维修岗位认知调研报告。调研报告撰写完毕后，请教师组织学生以组为单位进行展示。完成下列项目：

1．调研报告要包含以下内容：汽车维修企业的类型、业务范围、服务流程、组织结构、岗位职责、设施设备情况等，请按照不同内容给组员分配任务撰写报告。调研报告字数不限，写好后，请将调研报告打印出来附在工作页上。

2．制作完成后，请小组推举一名组员进行展示，以组为单位进行评价。评价完成后，归纳总结其他组成员对本组展示成果的评价意见。

3．教师对学生的调研报告进行评价，指出调研过程中的亮点和不足。

学习活动2　汽车维修企业规章、制度认知

学习目标

1. 能识别工作环境的安全标识。

2. 能严格遵守安全规章制度，规范穿戴工装和劳动防护用品。

3. 能了解企业环保要求，树立正确的废弃物处理观念。

4. 能主动获取有效信息，展示工作成果，对学习与工作进行总结和反思。

建议学时　6学时

学习准备

1. 搜集的各汽车维修企业质量、安全管理文件汇编。
2. 照相机、录音笔等调研设备。
3. 各种走访调研表（自制，格式不定）。
4. 互联网资源、展示白板。

学习过程

一、认识企业安全规章制度，树立安全生产意识

文明生产和安全生产是做好工厂经营管理的重要内容之一，它直接涉及国家、工厂、个人的利益，影响着工厂的产品质量和经济效益，影响着设备的利用率和使用寿命，影响着工人的人身安全。

小资料

汽车维修企业安全生产制度（摘选）

为保证生产正常进行，保障员工身体健康、家庭幸福，全体员工必须遵守本制度。

一、全体员工必须遵守《安全技术操作规程》，任何人不得违反。

二、工作时不得擅离岗位，不得在工厂内打闹、追逐、大声喧哗，非工作需要不得随便到其他部门走动、聊天，不准带小孩进入厂区。

三、必须按规定穿着劳动防护用品，不得穿拖鞋上班。车间内严禁吸烟。

四、非工作需要不得动用任何车辆，车辆在厂内行驶车速不得超过 5 km/h，不准在厂内试刹车。

五、加强对易燃物品的管理，除在用的以外，应存放在指定位置。

六、在各工位应配备有充足的灭火器材，并加强维护保养使之保持良好的技术状态，所有员工应学会正确使用灭火器材。

七、工作灯应采用低压（36 V 以下）安全灯，工作灯不得冒雨或拖过水地使用，并经常检查导线、插座是否良好。

八、手湿时不得搬动电力开关或插接电源插座。电源线路、熔丝应按规定安装，不得用铜线、铁线代替。

九、下班前，必须切断所有电器设备的前一级电源开关。

十、作业结束后，要及时清除场地油污、杂物，并将设备机具整齐安放在指定位置，以保持施工场地清洁。

由教师组织学生，以小组形式进入某汽车维修车间进行参观，在参观过程中，学生需要携带照相机、录音笔、调研表（自制）等工具，对汽车维修车间安全管理规定、规章制度、环保要求、废弃物处理要求等进行了解。请咨询相关人员，认真做好记录，并拍摄相应的主题照片。请回答下列问题。

1. 在生产车间等工作场所设置有醒目的标识提醒员工正确着装并做好安全防护工作。请在下列安全标识中挑选出你在汽车维修车间看到过的标识，并说出其具体含义。

a)

b)

c)

d)

e)

f)

g)

h)

i)

j)

k)

l)

2. 除上述安全标识外，你还见过哪些安全注意事项和标识？请将你看到或查询到的安全标识画在下列空白处。

3. 在生产车间等工作场所一般设置有相应的安全标语，以提醒员工安全第一，避免各种安全隐患。下面是一组车间安全生产宣传性标语，请仔细阅读和理解，结合上述汽车维修企业安全生产制度，看看这些标语是否符合汽车维修企业特色？在参观汽车维修车间过程中，你还看到过哪些安全标语或安全指示牌？请将你拍摄的照片或者标语内容附在下列空白处。

1-2-5 新车检查

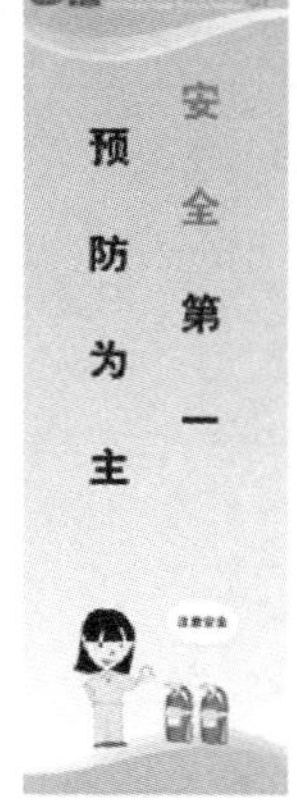
安全第一
预防为主

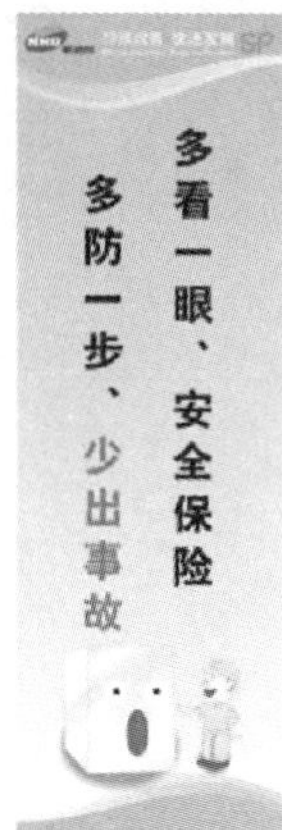
多看一眼、安全保险
多防一步、少出事故

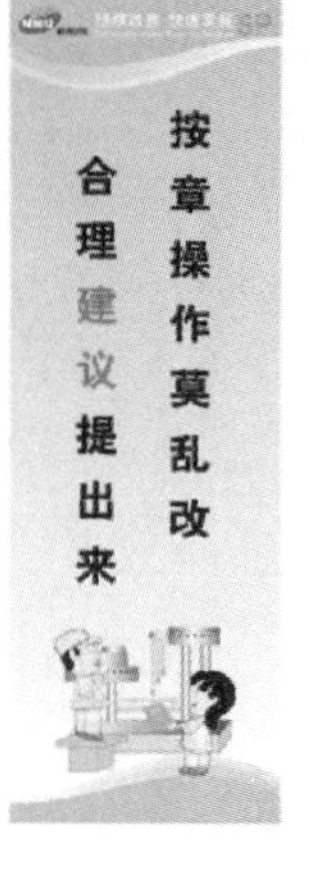
按章操作莫乱改
合理建议提出来

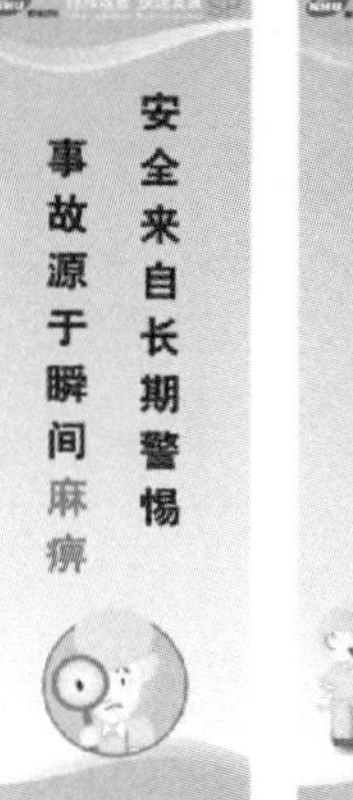
安全来自长期警惕
事故源于瞬间麻痹

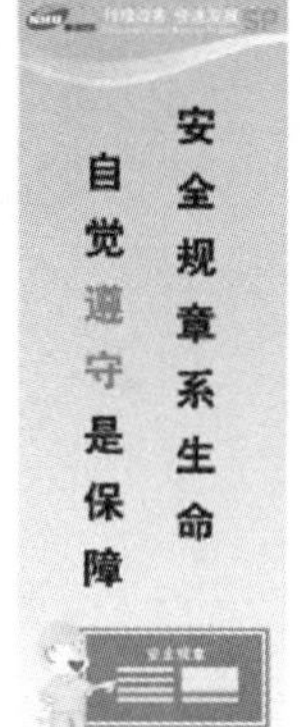
安全规章系生命
自觉遵守是保障

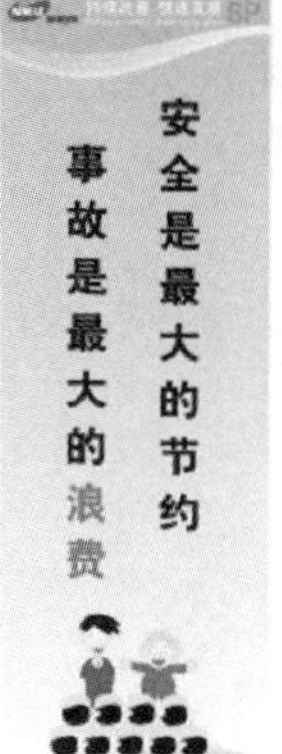
安全是最大的节约
事故是最大的浪费

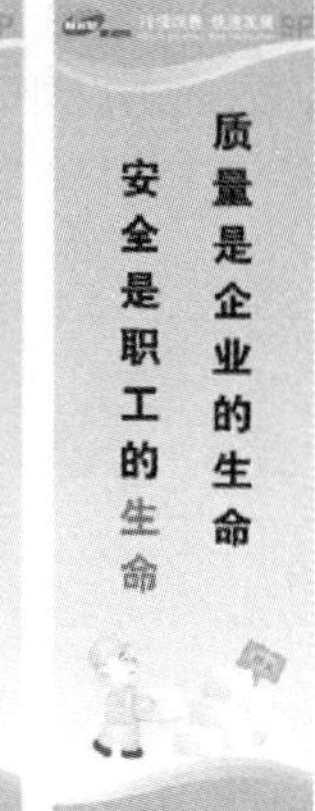
质量是企业的生命
安全是职工的生命

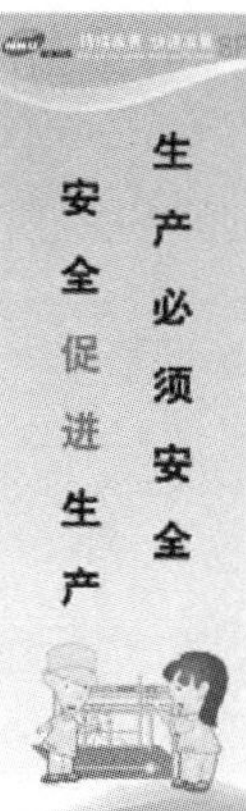
生产必须安全
安全促进生产

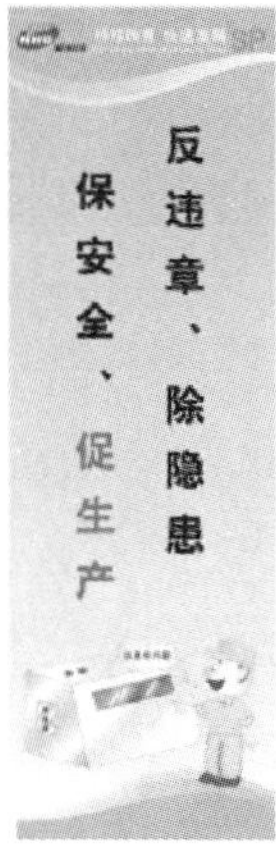
反违章、除隐患
保安全、促生产

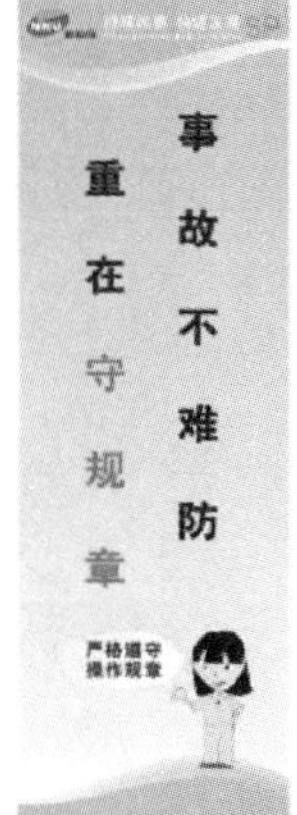
事故不难防
重在守规章

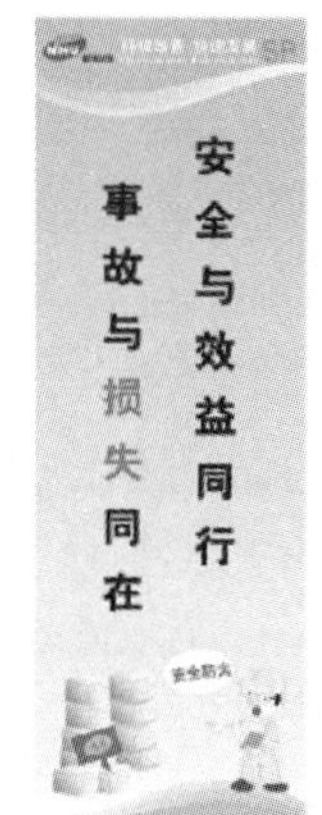
安全与效益同行
事故与损失同在

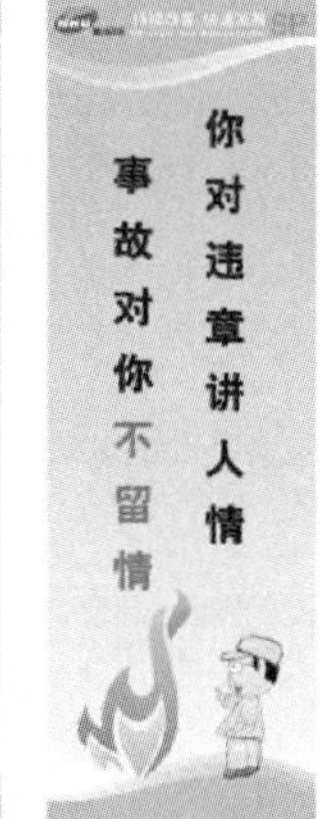
你对违章讲人情
事故对你不留情

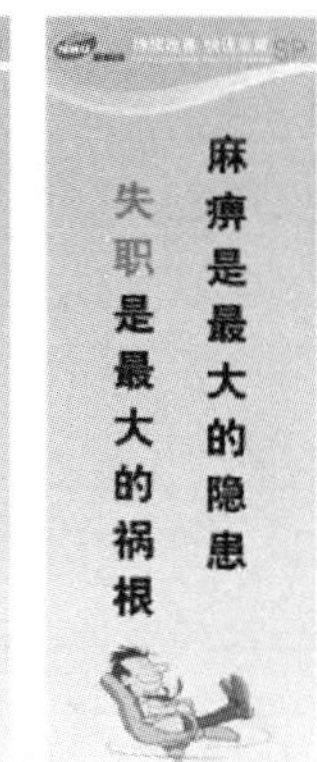
麻痹是最大的隐患
失职是最大的祸根

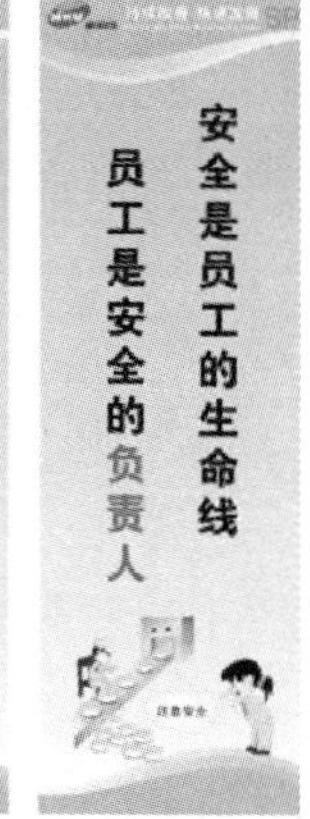
安全是员工的生命线
员工是安全的负责人

4. 在参观汽车维修企业过程中，请观察工作人员的穿着，他们是否都穿戴有工作服?请咨询相关工作人员，将维修车间中与员工穿戴（包括服饰、鞋袜、帽子等）有关的安全注意事项要点罗列出来。

5. 案例分析。在汽车维修企业，大部分的安全隐患最终会引起火灾，给企业带来不可磨灭的灾难。请分析下列三个案例，并回答问题。

案例一　脏乱差的汽车维修车间容易引发安全事故。年初，山西一家汽修厂着火，与以往所报道的维修厂失火不同，这次火灾并非是烤漆房失火，而是维修厂内的工作区域划分不清，乱堆乱放引起的。该汽修厂工人在进行汽车零件焊接时，火星不慎溅入旁边一汽油盆内，导致汽油盆起火，工人在使用灭火器实施灭火时不慎将汽油盆打翻，流淌的汽油火将货架上塑料配件引燃，从而发生火灾。

案例二　一些维修厂没有按照维修车间的安全管理来办事，电气设备不符合防爆要求，电器线路敷设不规范，如喷漆等车间安装不防爆的开关、熔断器、插座等可能产生火花的电器，电气线路未加耐酸的套管保护等，甚至有的修理厂配电盘设置在存放汽油、香蕉水的仓库内，库房内连接压缩机、电焊机的电线都是临时拉接的，大多数民营厂配电盘没有设置电器保护装置，只设置普通电闸刀，图方便省事都没盖上闸刀盖，极易引起电气火灾。

案例三　一些小型修理厂都没有配置灭火器，有一些修理厂配置了，但由于经营业主没有落实好消防器材保养、维修制度，大部分配置灭火器失效或达到灭火器报废年限。有的业主和从业人员安全素质参差不齐，个别业主的文化层次较低，安全意识淡薄，对于一些基本的消防法律、法规、基本常识知之甚少，不知道配备相应的消防器材，不知道最基本的建筑、电气防火常识，从而极易引起火灾。

（1）认真阅读汽车维修企业安全生产制度，对照上述案例，分析各案例中不符合安全生产制度的地方有哪些?

案例一:

案例二:

案例三:

（2）咨询企业工作人员，记录汽车维修企业车间中需要配备什么样的灭火器材？一般来说，灭火器材应该放置在什么位置？各种灭火器材的基本使用方法如何？

（3）在企业参观过程中，你是否发现了关于安全用电方面的指示牌或者标语？请分小组讨论，并查找相关安全用电常识和宣传画，以“汽车维修企业安全用电注意事项”为主题，制作 PPT 文档，做一个安全用电的主题汇报，并请其他小组和教师共同点评。请将 PPT 的主要内容打印出来，附在下列空白处。

二、认识车间环保要求，恰当处理废弃物

环境是国家的重要资源，也是人民生活质量的基本条件。环境保护是国策大事，人人有责。清洁有序的环境也是保证汽车维修质量的重要条件。

小资料

某企业环境保护管理制度（摘选）

一、维修车辆清洗应在规定的固定地点进行，每天应对汽车清洗地点进行清扫，保持下水道疏通，场地整洁。

二、保持场地清洁。汽车拆卸维修时，应做到油、水不落地，拆下的零件应放置在零件盆中，废油接入专用设备中，拆修完毕后，立即清扫场地，并进行定时检查。

三、废弃物应分类放置。废机油、废液、废电池、废轮胎等有害物质集中分类收集存放，定期妥善处理废旧料和废机油。

四、锉削制动蹄片应防止有害粉尘扩散，危害人体健康，有条件的应装置防尘罩或去尘装置。

五、车辆喷漆应在烤漆房或喷漆间内进行，有通风设备，有专门的废水排放设施；车辆打磨工艺环节应有粉尘收集设备，防止漆尘飞扬，污染环境。

六、检修空调机时，制冷剂不得随意排放到大气中，应使用专用冷媒回收装置回收利用。

七、维修车辆的废气排放应达到国家标准的规定要求，不得随意降低标准，不达到标准的不准出厂。

八、环保工作由生产技术部门专人负责，定期进行监督检查，落实奖惩措施。

认真学习企业环境保护管理制度，在基本理解该制度各条规定的基础上，走进汽车维修车间，咨询汽车维修人员有关该企业环保、废弃物处理方面的规定，在条件允许的情况下，最好用照相机拍摄废弃物处理过程照片。完成下列项目：

1. 结合你所拍摄的照片或者文字记录，总结和归纳汽车维修企业在环境保护方面的重点和难点是什么。作为一名汽车维修人员，在进入企业之初，你应该培养什么样的环保意识。

2. 咨询企业人员，结合拍摄的照片，指出汽车维修企业中与环境保护、废弃物处理等相关的设备和工具有哪些？查找互联网资源，说说它们的主要功用。

设备名称及图片	主要功用
举例：冷媒回收加注机	1. 冷媒回收：依靠本机系统内部的压缩过滤装置把空调管路内的冷媒回收到工作罐内 2. 冷媒再生：可分离空调系统内的冷冻油和水分，达到再利用的标准，保证冷媒的纯净，从而使冷媒可循环使用 3. 冷媒加注：设定加注冷媒量，向车辆加入相应量的同类型冷媒 4. 空调检漏：检测空调冷媒管路是否存在泄漏，确保冷媒管路密封良好 5. 抽真空：给空调管路及设备管路抽真空 6. 加注冷冻油：设定冷冻油量，向空调系统加注冷冻油
（下列内容请学生自己完成）	

学习活动3　5S 现场管理实施

学习目标

1. 能查询资料，了解5S 现场管理项目及内涵。

2. 能按照5S 现场管理要求，对实训室、工作现场、实习车间的工具、设备、场地等进行管理。

3. 能以小组为单位，按照5S 现场管理项目进行相互检查和评价。

建议学时　2 学时

学习准备

1. 5S 现场管理制度相关材料。
2. 搜集到的各维修车间的5S 检查表（参考）。
3. 互联网资源、展示白板。

学习过程

某些企业，即使有先进的设备和生产工艺，但不对其进行有效的管理，工作场地一片混乱，工件乱堆乱放，其结果只能造成生产效率低下，员工积极性下降，这样的企业的管理是失败的。5S 现场管理可以有效解决这个问题，使企业的工作环境得到极大地改善，是保证企业走上成功之路的重要手段。

一、认识5S现场管理制度

小资料

5S起源于日本，是指在生产现场中对人员、机器、材料、方法等生产要素进行有效的管理。

5S是指整理（SEIRI）、整顿（SEITON）、清扫（SEISO）、清洁（SEIKETSU）、素养（SHITSUKE）等五个项目，因其日语的罗马拼音均为“S”开头，所以简称为5S。

1. 整理。整理就是将必需品和非必需品区分开，必需品摆在指定位置挂牌明示，不要的东西坚决处理掉，在岗位上不要放置必需以外的物品。请查阅资料，说明5S管理中“整理”的目的、意义和要点。查看实训室，有哪些地方需要整理，应马上整理。

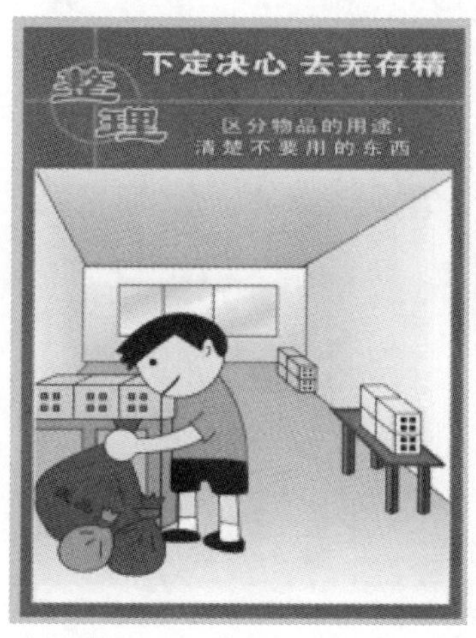

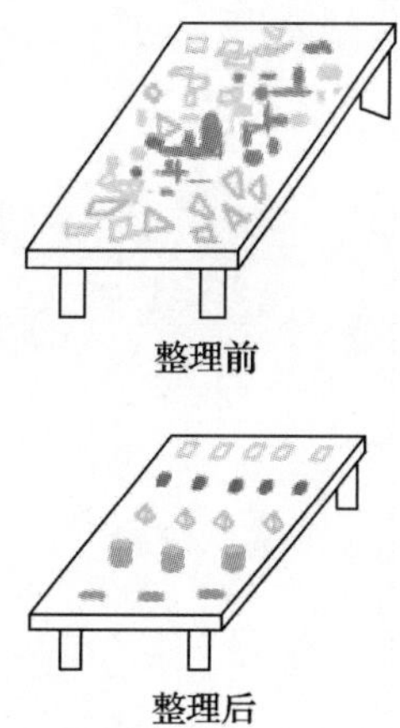

整理前

整理后

2. 整顿。整顿就是将必需品依照规定的位置、规定的方法摆放整齐、有序，明确标示。请查阅资料，说明5S管理中“整顿”的目的、意义和要点。查看实训室或配件仓库，有哪些地方需要整顿，应马上整顿。

整顿前　　整顿后

3. 清扫。清扫就是将工作场所、环境、仪器设备、材料、工具上的灰尘、污垢、碎屑、泥砂等脏东西清扫、擦拭干净，创造一个一尘不染的环境。请查阅资料，说明5S管理中“清扫”的目的、意义和要点。查看实训室或维修车间，有哪些地方需要清扫，应马上清扫。

（备注：清扫除了能消除污秽，确保员工的健康、安全，还能在早期发现设备的异常、松动等，以达到全员预防保养的目的。）

清扫前

清扫后

4. 清洁。清洁就是在“整理”“整顿”“清扫”之后的日常维持活动，即形成制度和习惯。请查阅资料，说明 5S 管理中“清洁”的目的、意义和要点。查看实训室或维修车间，有哪些地方需要清洁，应马上清洁。

5. 素养。素养就是培养全体员工良好的工作习惯、组织纪律和敬业精神，是5S 活动的核心。请查阅资料，说明5S 管理中“素养”的目的、意义和要点。并结合自身分析一下为了养成良好的素养，平时应该注意改掉哪些不良习惯?

6. 5S 管理的重要意义。通过上面的学习，请你从几个方面（如质量意识、环境意识、降低成本、减少故障等）总结、归纳 5S 现场管理对企业的重要意义。

二、5S 现场管理检查评价

结合实训室（或实习车间、工作场地）的真实情况，认真填写 5S 检查表（参考下表，也可以搜集某企业的 5S 检查表进行评价），看看经过 5S 管理以后，你的得分是多少，并找出存在的问题点，以便下次注意和改进。

5S 检查表

项目	内　　容	满分	得分	问题点
整理	（1）桌子、抽屉是否杂乱	20		
	（2）有无必要的隔间妨碍实训室良好视野			
	（3）下课时桌面上是否干净利落			
整顿	（1）学材、教材、资料、作业文件等有无定位化（配合颜色、区域线管理）	20		
	（2）能否随时取出必要书籍、资料等文件			
	（3）桌子上的资料、学材、教材、作业本有无控制在最低数量			
	（4）有无以区域线规划桌子、文件架、通道位置			
	（5）有无规定常用物品存放场所，并加以管理			
清扫	（1）地面、桌面是否杂乱	20		
	（2）垃圾箱有无溢满			
	（3）有无杂乱布置的电源、电线			
	（4）实训室设备有无污秽及尘埃			
	（5）开水供应处是否干净			
清洁	（1）有无设备、工具、量具管理制度	20		
	（2）资料是否分类存放			
	（3）实训室有无分区，并责任到人			
素养	（1）有无迟到、早退现象	20		
	（2）工作是否主动			
	（3）是否穿工作服			
	（4）日常是否使用普通话			
	（5）是否具有良好的服务意识			
得分总计				

三、5S 现场管理海报制作

为了进一步强化5S 现场管理意识，请同学们以小组为单位，在小组长的带领下，通过集体讨论和分工合作的方式，运用集体的智慧制作一张（或多张）5S 现场管理海报，并以小组为单位进行展示。展示结束后，请教师选择几组制作精美、思路清晰的海报，分别张贴在实训室、教室或实习车间内。完成下列项目：

1．5S 现场管理海报制作完成后，组员分别设计展示解说词，经组内评价后推荐代表对展示的作品做必要的介绍。请给出你设计的解说词（200 字左右）。

2．在展示过程中，以组为单位进行评价。评价完成后，归纳总结其他组成员对本组展示成果的评价意见。

3．展示结束后，请将你组设计的海报附在下列空白处（下面给出了两份海报的设计稿供参考）。

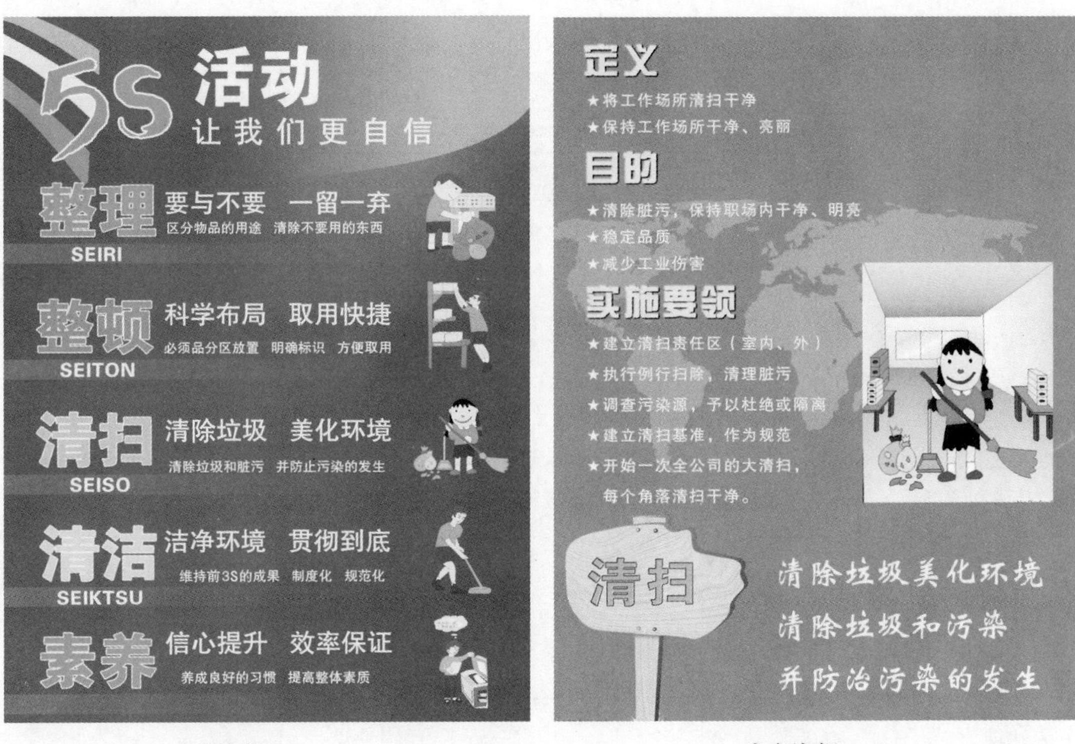

参考海报（一）　　参考海报（二）

学习任务一评价表

班级：__________ 姓名：__________ 学号：________

项目	自我评价			小组评价			教师评价		
	10～9	8～6	5～1	10～9	8～6	5～1	10～9	8～6	5～1
	占总评10%			占总评30%			占总评60%		
学习活动1									
学习活动2									
学习活动3									
协作精神									
纪律观念									
表达能力									
工作态度									
安全意识									
任务总体表现									
小计									
总评									

任课教师：________ 年 月 日

学习任务二　汽车整车认知

学习目标

1. 能查找相关国家标准，了解汽车的定义、分类标准、类型等信息。

2. 能运用网络、说明书等渠道，利用表格列举车辆信息，如品牌、发展史及汽车主要技术参数等。

3. 能对照实际车辆，描述汽车总体构造、部件功能与基本工作原理。

4. 能描述汽车各功能开关的名称、位置及功用，为后续新车检查工作奠定基础。

5. 能主动获取有效信息，展示工作成果，对学习与工作进行总结和反思。

6. 能与他人合作，进行有效沟通。

建议学时

28 学时

工作情境描述

顾客来到某汽车 4S 店购买家用轿车，这时顾客通常需要对汽车的品牌、性能、主要技术参数等基本情况有个大致的了解，作为 4S 店的员工，你需要学会并掌握汽车的基本知识，并通过有重点和针对性地介绍和沟通，最终达成顾客购买汽车的意向。另外，在汽车维修企业中，涉及到新车检查及汽车维护、修理等工作任务时，也需要员工对汽车基本信息、主要技术参数、整车结构及各功能开关有个初步认识，并能进行简单操作及使用。

工作流程与活动

学习活动 1　汽车基本信息收集与介绍（10 学时）

学习活动 2　汽车总体结构认知（18 学时）

学习活动1　汽车基本信息收集与介绍

学习目标

1. 能查找相关国家标准，了解汽车的定义、分类标准、类型等信息。

2. 能运用网络、说明书等渠道，利用表格列举车辆信息，如品牌、发展史及汽车主要技术参数等。

3. 能解读汽车主要技术参数，并能将其转化为汽车主要功能（如动力性、经济性等）方面的介绍。

4. 能与他人合作，进行有效沟通。

建议学时　10学时

学习准备

1. 国家标准相关文件（如GB/T 3730. 1—2001、GB/T 15089—2001等）。

2. 教学用整车。

3. 互联网资源、展示白板、资料卡片等。

学习过程

现代经济对行业企业的划分已经逐渐多元化，汽车维修人员也与以往的汽车修理工有了很大的区别，不再单纯是个修车师傅，只具备汽车维修技能，还应该了解汽车发展历程，熟悉汽车专业术语、品牌车型、技术参数，掌握汽车营销技巧等，做一个学识丰富、专业精通的“汽车业内人士”。

一、了解汽车的定义及分类

小资料

国家对汽车定义及分类的两个新国标包括：《汽车和挂车类型的术语和定义》（GB/T 3730. 1—2001）和《机动车辆及挂车分类》（GB/T 15089—2001）。其中，GB/T 15089—2001 主要用于形式认证，是形式认证各技术法规使用范围的依据；GB/T 3730. 1—2001 是通用性分类，是一般概念、统计、牌照、保险、政府政策和管理的依据。

1. 请查阅国家标准《汽车和挂车类型的术语和定义》（GB/T 3730. 1—2001），了解汽车的定义，并回答下列问题。

（1）该国家标准中对汽车的定义是什么？

（2）通过对汽车定义的解读，判断下列各图所示车辆，哪些属于汽车，哪些不属于汽车？

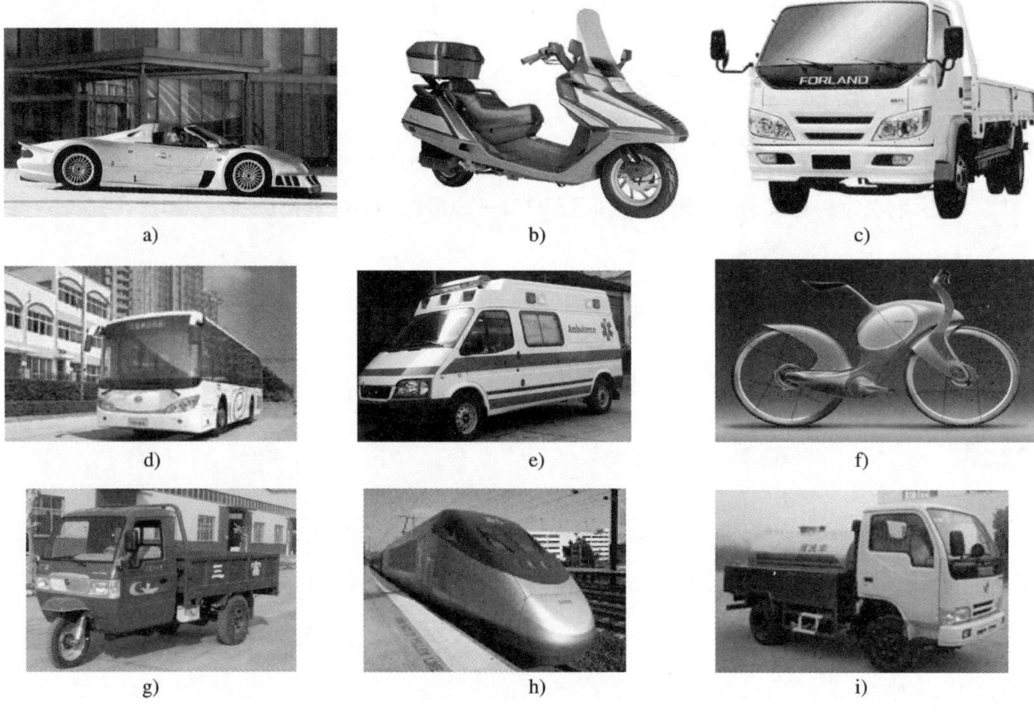

a) b) c) d) e) f) g) h) i)

2. 请查阅国家标准《汽车和挂车类型的术语和定义》（GB/T 3730. 1—2001），了解汽车的分类方法和类别，并回答下列问题。

（1）根据车辆的设计和技术特性可以将汽车分为汽车、挂车和汽车列车，请查阅资料给出这三类车辆的定义，并举例说明（配合图片）。

（2）根据上述分类方法，又可以将汽车分为乘用车和商用车两类。乘用车（passenger car）是指在其设计和技术特性上主要用于载运乘客及其随身行李或临时物品的汽车。商用车（commercial vehicle）是指在设计和技术特性上用于运送人员和货物的汽车，并且可以牵引挂车。请查阅国家标准，了解各种类型汽车的名称和主要特征，并分小组讨论，列表表示分类结果，将相应表格罗列在下列空白处。

(3) 通过上述学习，将下列不同类型的汽车名称与对应的汽车图片进行连线。

普通乘用车

乘用车

(passenger car)

越野乘用车

小型客车

普通货车

全挂牵引车

商用车

(commercial vehicle)

多用途乘用车

城市客车

（4）将汽车分为汽油车和柴油车两类，这种分类的依据是什么？

（5）按照汽车的用途不同，可以将汽车分为哪几类？

（6）按照发动机位置不同、驱动方式不同，可以将汽车分为哪几类？请查阅相关资料，将下列表格填写完整。

发动机布置和驱动形式	应　用	示意简图
前置前驱 即发动机前置、前轮驱动 （Front—engine Front—drive，简称 FF）	这种布置形式目前主要在发动机排量为 2.5 L 以下的乘用车上得到广泛应用	
简称 RR		

二、了解汽车发展史

汽车的发展经历了100多年的漫长过程，你知道第一辆汽车是何时诞生的吗？汽车的发展和变革主要体现在哪些方面？汽车的发展过程如何？请查阅资料，完成下列项目。

1. 请以小组为单位，在小组长的带领下，通过集体讨论和分工合作的方式，按照纪年顺序，采用PPT演示的形式，从发动机、底盘、车身三个方面分别阐述汽车发展的历程。请将PPT中重点内容打印出来，附在下列空白处。

2. 请查找资料，将世界汽车发展史上具有里程碑性质的事件做成资料卡片，利用展示白板或投影仪等工具，向其他小组成员进行展示。展示结束后，将优秀的资料卡片收集起来，张贴在班级板报上，普及汽车知识。

资料卡片

世界上第一辆汽车的诞生

1886年1月29日，德国人卡尔·奔驰把一台汽油发动机装在一辆三轮车上，并将该车申请了专利，人们将这一天作为世界首辆汽车诞生日。

卡尔·奔驰（Carl Benz）与奔驰1号车

资料卡片制作参考

3．发展历程 PPT 和资料卡片制作完成后，请推选一到两名组员对展示的作品做必要的介绍，并给出你设计的解说词（300 字左右）。

4．在展示过程中，以组为单位进行评价。评价完成后，归纳总结其他组成员对本组展示成果的评价意见。

三、识别汽车品牌及各品牌典型车型

1. 一般来说，汽车从外表和形状上看大同小异，如何能快速、准确地识别汽车的品牌和车型呢？厂家标志和车型标志一般出现在汽车的什么位置？试举例说明。

2. 目前，世界汽车厂家及其产品基本分为欧系、美系、日系、韩系和国产五大类，每一大类中又包括许多厂家。请查阅资料，将汽车厂家名称、汽车公司图标、图标代表的含义、厂家生产的典型车型等信息，以列表的形式展示出来（也可以将全班学生分为五组，每组查找一个系列的资料，分组展示）。

（1）欧系

（2）美系

（3）日系

（4）韩系

（5）国产

3. 为了进一步强化前面所学汽车品牌知识，请识别下列各品牌标志，说出品牌名称、所属公司名称和国家名称，填写在下列空白处。

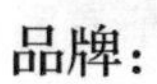

品牌：
公司：
国家：

品牌：
公司：
国家：

品牌：
公司：
国家：

品牌：
公司：
国家：

品牌：
公司：
国家：

品牌：
公司：
国家：

品牌：
公司：
国家：

品牌：
公司：
国家：

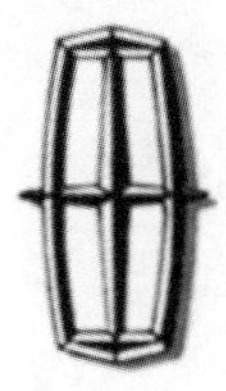

品牌：
公司：
国家：

品牌：
公司：
国家：

品牌：
公司：
国家：

品牌：
公司：
国家：

品牌：
公司：
国家：

品牌：
公司：
国家：

品牌：
公司：
国家：

品牌：
公司：
国家：

四、解读车辆识别代码和技术参数

1. 车辆识别代码是汽车制造厂为了识别一辆汽车而给定的一组字码，简称 VIN（Vehicle Identification Number）码，由字母和阿拉伯数字组成，共 17 位，所以俗称十七位码。它包含了车辆的生产国家、制造厂家、汽车类型、品牌名称、车型系列、车身形式、发动机型号、车型年款等信息，是汽车修理、配件选购的重要依据。请查阅资料，回答下列问题。

（1）车辆识别代码在实车上的位置，各大汽车制造厂都是不一样的，但每辆车具有唯一的车辆识别代码。车辆识别代码一般标示在汽车的什么位置？试举例说明。

（2）查阅资料说明车辆识别代码的 17 位字码分别代表什么含义？

第 1 ~3 位（WMI）：制造厂、品牌和类型

第 4 ~ 8 位（VDS）：车辆特征

第 9 位：校验位

第 10 ~ 17 位（VIS）：车型年款、顺序号

（3）根据上面的学习，请解释下列 VIN 码代表的含义。

1G1BL52P7TR115520

LSVHJ133022221761

2. 下表所列是桑塔纳2000GSi轿车整车技术性能参数基本信息。通过查找互联网或相关资料，了解各参数代表的含义，并回答下列问题。

整车技术性能参数表

参数名称	参数数值	参数名称	参数数值
长/宽/高/（mm）	4 680/1 700/1423	最高车速（km/h）	175
轮距（前/后）（mm）	1 414/1 422	加速性能 0～100 km/h（s）	13. 5
轴距（mm）	2 656	发动机类型	AJR 型（直列4缸水冷顶置2气门，电子燃油喷射式汽油发动机）
最小离地间隙（mm）	138	排量（L）	1. 8
最小转弯半径（m）	5. 5	最大扭矩（Nm/rpm）	155/3 800
整车整备质量（kg）	1 120	最大功率（kW/rpm）	74/5 200
最大总质量（kg）	1 540	百公里等速油耗（L/100 km）	6. 8
后备箱体积（L）	532	排放标准	欧Ⅱ
油箱容积（L）	60	变速箱	5挡手动变速器
轮胎型号	195/60 R14 86H	制动系统（前/后轮）	前盘/后鼓

(1) 从上表中找出关于“质量”方面的参数数值，指出其代表什么含义？另外，关于汽车“质量”方面的参数还有哪些？它们的定义是什么？

表中表示质量的数值和代表的含义：

整车整备质量：

最大总质量：

最大装载质量：

最大轴载质量：

（2）关于汽车“外廓尺寸”方面的参数都有哪些？它们的定义分别是什么？将上表中关于“外廓尺寸”方面的参数数值填写在下图相对应处。

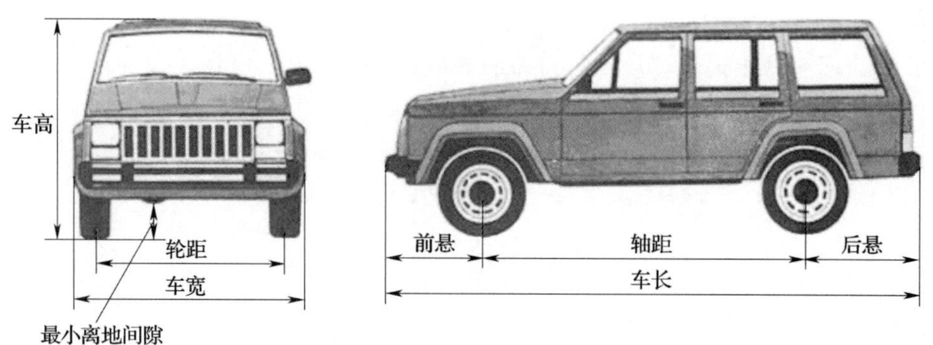

车长：

车宽：

车高：

轴距：

轮距：

前悬：

后悬：

最小离地间隙：

接近角：

离去角：

转弯半径：

(3) 在上表中找到关于汽车“容积”方面的性能参数？它们的定义分别是什么？
油箱容积：

后备箱体积：

（4）通常情况下，我们会形容某辆车动力性能好、马力强劲。什么叫汽车的动力性？动力性一般用哪些指标来表示，它们的定义分别是什么？

最高车速：

最大爬坡度：

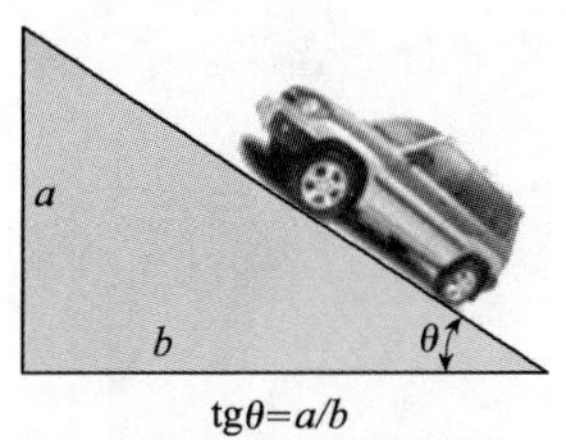

加速时间：

（5）日常生活中，我们经常会说日系车比较省油，德系车比较费油，这里所说的省油和费油形容的是汽车的燃油经济性。汽车燃油经济性一般以百公里耗油量来表示，它的定义是什么？

（6）汽车排放是指从废气中排出的 CO（一氧化碳）、HC（碳氢化合物）、NO_x（氮氧化物）、PM（微粒、碳烟）等有害气体。我国对机动车尾气的排放标准是什么？是从什么时候开始实施的？

（7）在上述整车技术性能参数表中，汽车轮胎型号参数是“195/60 R14 86H”，请查阅相关资料，说明汽车轮胎参数一般标记在什么位置上，各字符分别代表什么含义。

小资料

国际标准的轮胎代号分别由以下几部分组成：以 mm 为单位表示的断面宽度、扁平比（即胎高/胎宽）的百分数、轮胎类型代号、轮辋直径（英寸）、负荷指数（许用承载质量代号）、许用车速代号。

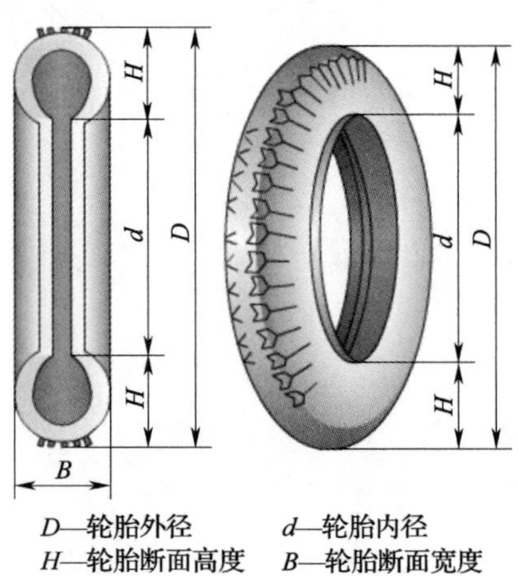

D—轮胎外径　*d*—轮胎内径
H—轮胎断面高度　*B*—轮胎断面宽度

轮胎参数标记的位置：

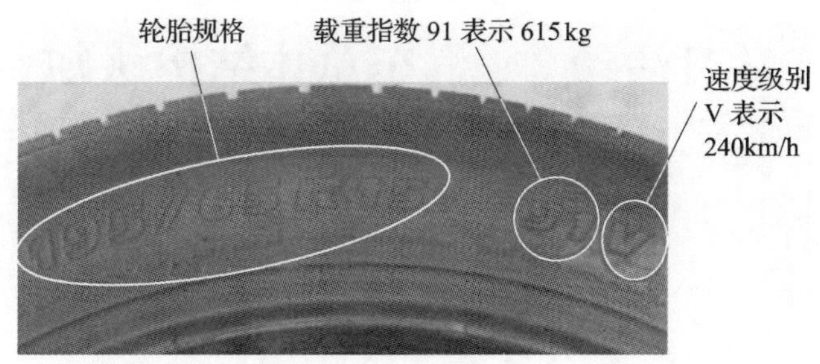

轮胎参数各字符代表的含义（画图说明）：

“195/60 R14 86H”的含义：

195：________________

60：________________

R：________________

14：________________

86：________________

H：________________

（8）在实车上找到轮胎磨损极限的标识，并判断什么时候需要更换轮胎。

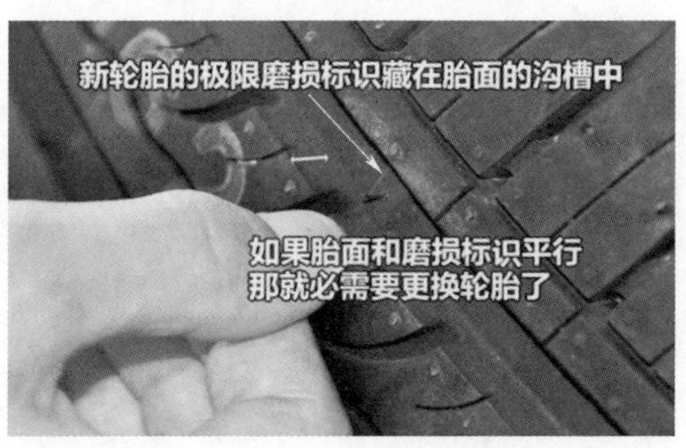

学习活动2　汽车总体结构认知

学习目标

1. 能描述汽车总体构造及基本工作原理。

2. 能对照实际车辆，就车介绍汽车各系统（或总成）名称、安装位置及功用。

3. 能描述汽车各功能开关的名称、位置及功用，为后续新车检查工作奠定基础。

4. 能主动获取有效信息，展示工作成果，对学习与工作进行总结和反思。

5. 能与他人合作，进行有效沟通。

建议学时　18 学时

学习准备

1. 相关车型车辆使用手册。
2. 教学用整车。
3. 举升机。

学习过程

汽车是由上万个零件组成的结构复杂的机器，根据其动力装置、运送对象和使用条件的不同，不同类型的汽车构造有很大的差异，但基本都由四大基本部分组成。作为汽车维修人员，在对汽车进行维护、维修和总成大修之前，必需了解汽车的组成、结构、布局以及汽车的基本原理等知识。

一、认识汽车总体结构及驱动方式

1．由教师带领学生初步认识教学用整车的总体结构，请学生带好照相机、纸笔等，记录教师讲解的内容，整理资料并说明汽车是由哪四个基本部分组成的？这四个部分的功用分别是什么？

组成部分名称	图　　片	功　　用

2. 通过上述汽车总体结构认知的学习，完成下列问题。

（1）识读下列图片，并说明图片中显示的汽车各系统或总成的名称和作用。

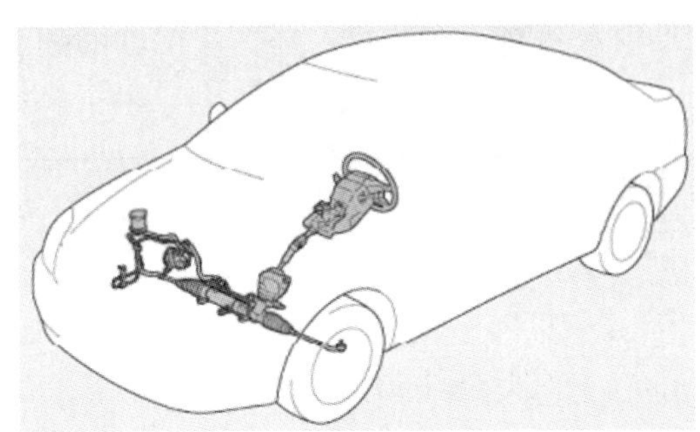

名称：

作用：

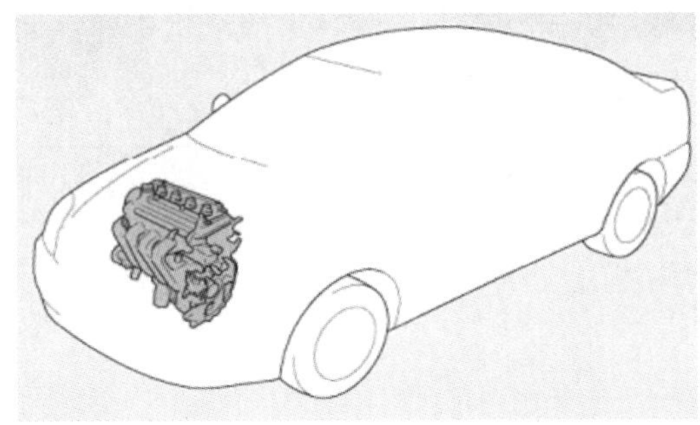

名称：

作用：

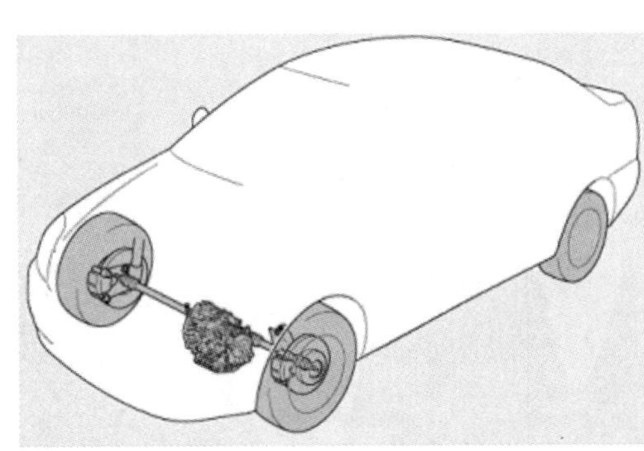

名称：

作用：

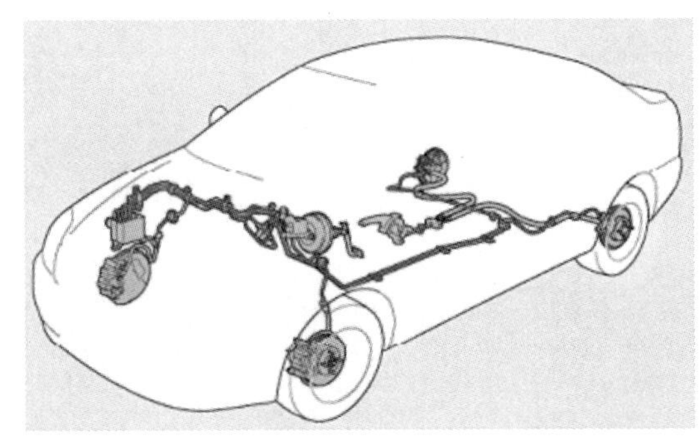

名称：

作用：

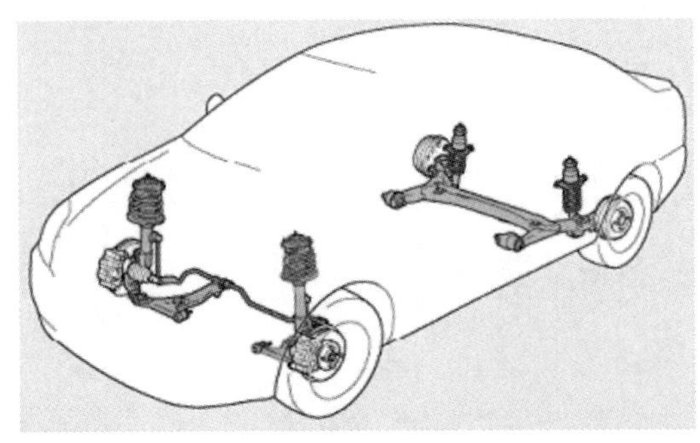

名称：

作用：

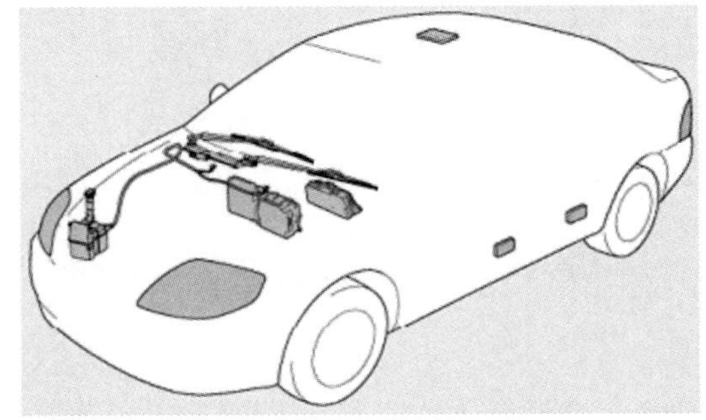

名称：

作用：

（2）识读下图，写出各编号表示的部位的名称，并在下表中填写其作用。

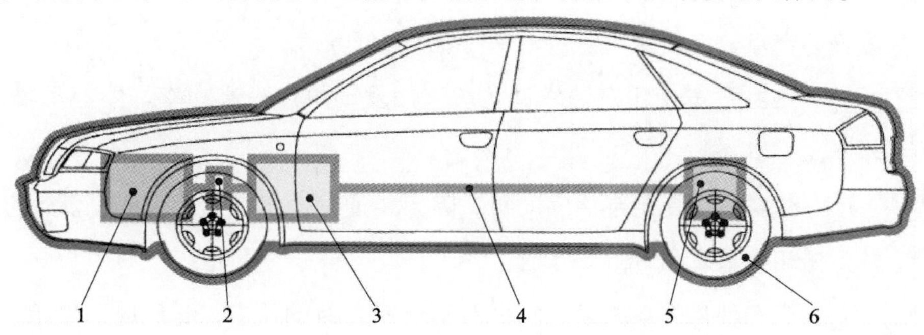

编　　号	名　　称	作　　用
1	发动机	使供入的燃油燃烧而提供动力
2		
3		
4		
5		
6		

3．根据前面所学内容可知，汽车的动力一般是由发动机提供的，但是也可由其他能源或者方式提供驱动力；另外，观察不同车型的发动机位置可以发现，汽车发动机位置可前可后。请咨询教师或查阅资料，回答下列问题。

（1）按照驱动动力不同，可将汽车分为哪几种类型？各有哪些优点？

分类（填空题）：

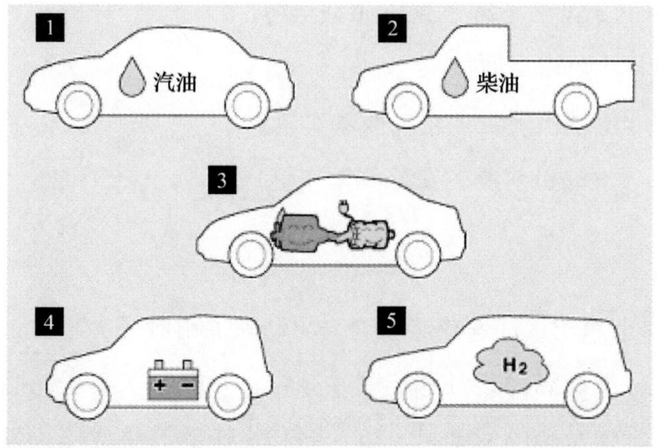

1. ____________________ 汽车
2. ____________________ 汽车
3. ____________________ 汽车
4. ____________________ 汽车
5. ____________________ 汽车

各类汽车的优点：

<u>类型　3　</u>：这种类型的汽车装备不同类型的驱动动力，如汽油发动机和电动马达。因为汽油发动机可以发电，因此，汽车不需要用于电池充电的外接电源。

类型______：这种类型汽车使用电池电源运行电动马达，而不是使用燃油，但电池需要充电。它有许多优点，包括操作期间无废气排放和低噪声。

类型______：这类汽车使用汽油发动机。汽油发动机产生高功率，外型紧凑，因此，广泛应用在轿车上。

类型______：这类汽车使用柴油发动机。因为柴油发动机产生大力矩，燃油经济性能好，因此，广泛应用在卡车和 SUV 车型上。

类型______：汽车使用的电能来自氢燃料与空气中氧的反应，此反应形成水。由于此反应仅放出水，因此，它被认为是低污染汽车的最终形式，预计将成为下一代的驱动动力。

（2）按照驱动方式不同，可将汽车分为哪几种类型？各有哪些优点？

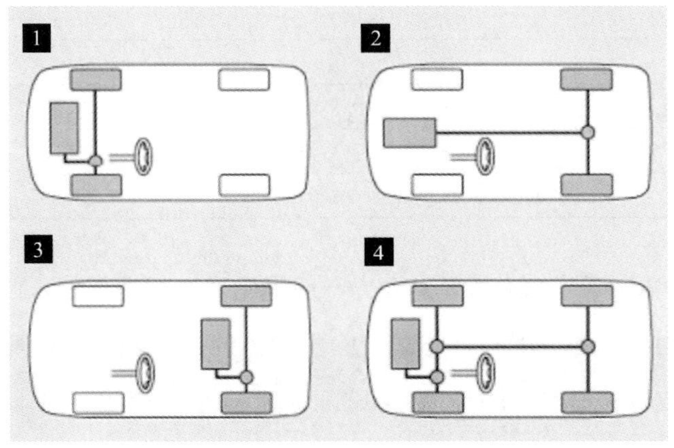

分类（连线题）：

1	MR（发动机中置 / 前轮驱动车辆）
2	4WD（四轮驱动）
3	FF（发动机前置 / 前轮驱动车辆）
4	FR（发动机前置 / 后轮驱动车辆）

各类汽车的优点：

类型 2 ：当车辆在良好的路面上启动、加速或爬坡时，驱动轮的附着压力增大，牵引性明显优于前驱形式。它还具有良好的操纵稳定性和行驶平顺性，并有利于延长轮胎的使用寿命。除此之外，前置后驱的安排使车辆的发动机、离合器和变速器等总成接近驾驶室，简化了操纵机构的布置和转向机构的结构，这样更便于车辆的保养和维修。

类型______：爬坡时，整车重心后移，后轮与地面的摩擦力增大，轮胎克服打滑现象，所以有良好的爬坡能力。

类型______：在雪地或易滑路面等情况下不易打滑，启动、加速时不发生摆尾现象。四轮驱动系统有比两轮驱动更优异的引擎驱动力应用效率，能使轮胎牵引力与转向力得到有效发挥。就安全性来说，也可以获得更好的行车稳定性。

类型______：提高了汽车的高速行驶操纵性和稳定性，降低了前轮的侧向偏离刚度，增加了汽车不足转向的趋势，从而保证了高速行驶安全。其传动路线短，车内空间利用率高，具有良好的燃油经济性。

二、汽车发动机总体认识

汽车发动机是汽车的动力源泉，为整个汽车提供动力。汽车发动机的内部结构比较复杂，它主要由机体、曲柄连杆机构、配气机构、冷却系、润滑系、燃料供给系、起动系和点火系（柴油机无点火系）等组成。一般来说，新车检查时并不需要拆装发动机内部结构，但是了解汽车发动机的结构、组成和原理，对汽车维护、修理等工作至关重要。请通过咨询教师或者查阅资料等方法，回答下列问题。

1. 下图所示为桑塔纳2000型汽车发动机的剖视图，请写出图上各编号表示的各部分的名称。

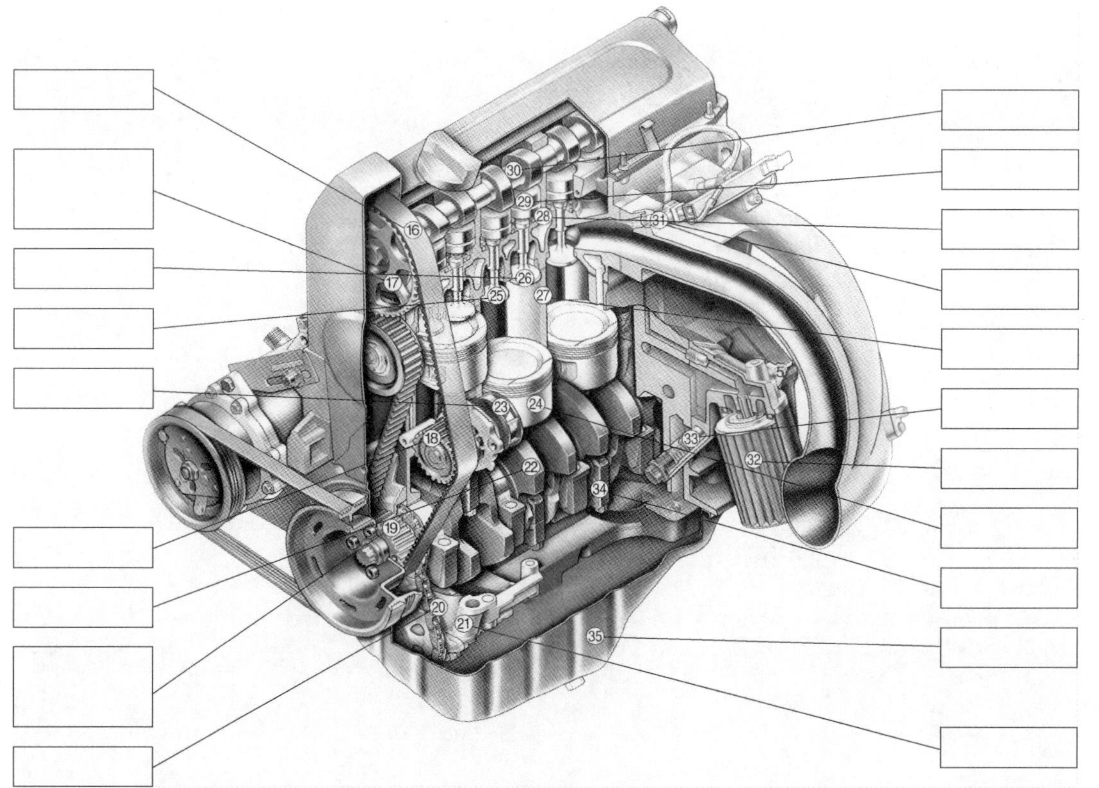

发动机剖视图

2. 发动机的工作原理是将燃料燃烧的热能转化成机械能。在四冲程内燃机中，活塞往复四个行程完成一个工作循环，即进气、压缩、做功、排气行程，从而达到能量转化的目的。请查阅资料说明发动机的工作原理。

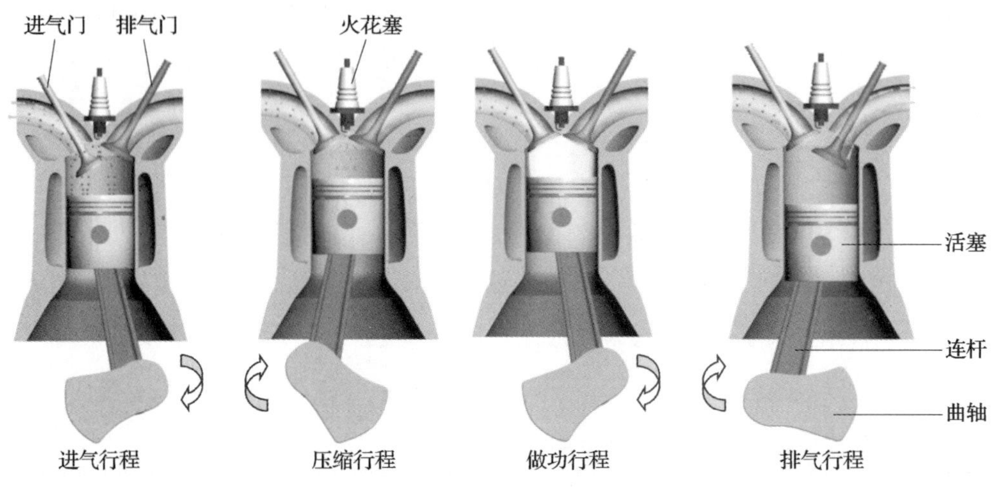

发动机的工作原理

（1）进气行程

（2）压缩行程

（3）做功行程

（4）排气行程

3．请观察下图，并结合实车，认识汽车进气系统。将进气系统的功用、对应的部件名称填写在下面的空白处，并将进气系统各部件名称与其功用进行连线。

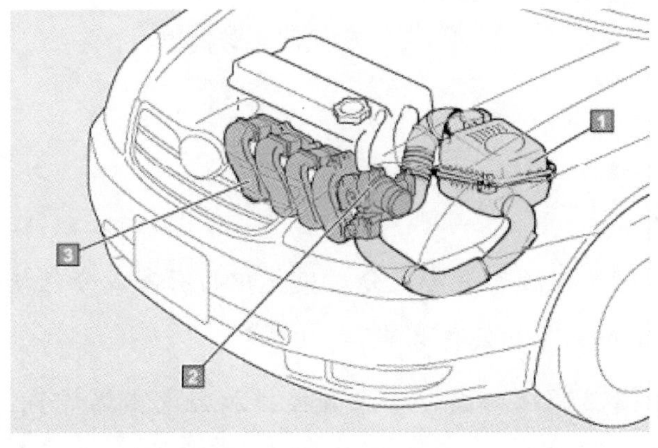

（1）进气系统的功用

提供________________________

提供________________________

进气均匀充分地分配到__________

（2）部件名称（填空题）

1 空气滤清器

2 节气门体

3 ____________

（3）进气系统各部件的功用（连线题）

1 空气滤清器

2 节气门体

3 ____________

◆ 由若干管路组成，为各缸供气

◆ 内装有一个滤清器芯，在外部空气进入发动机时，可从空气中除去灰尘和其他颗粒

◆ 用拉索和位于车辆内部的加速器踏板协同操作，来调节吸入气缸中的空气燃油混合气容积。当加速器踏板被踩下时，节气门开启，吸入大量的空气和燃油，使发动机输出功率增加。同时还配备 ISCV（怠速控制阀），以便在发动机冷态或怠速期间调节空气量

4. 请观察下图，并结合实车，认识汽车排气系统。将排气系统的功用、对应的部件名称填写在下面的空白处。

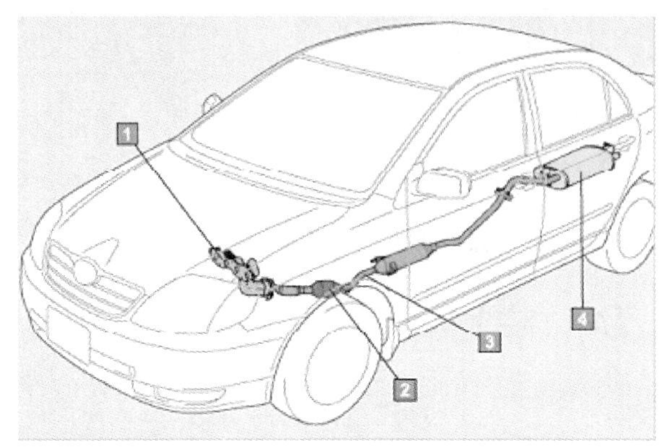

(1) 排气系统的功用

____

____

____

(2) 部件名称（连线题）

1 排气歧管

2 消声器

3 排气管

4 三元催化转换器

小资料

催化转换器位于废气系统中间，从废气中清除有害成分。废气中的有害成分包括CO（一氧化碳）、HC（碳氢化合物）和 NO_x（氮氧化物）。

因为从发动机中排放出的废气处于高温高压状态，如果直接排放会发出爆炸声，因此，可以使用消声器。消声器通过降低废气的压力和温度来消声。

5. 请观察下图，并结合实车，认识汽车燃油供给系统。将燃油供给系统的功用、对应的部件名称填写在下面的空白处，并将燃油供给系统各部件名称与其功用进行连线。

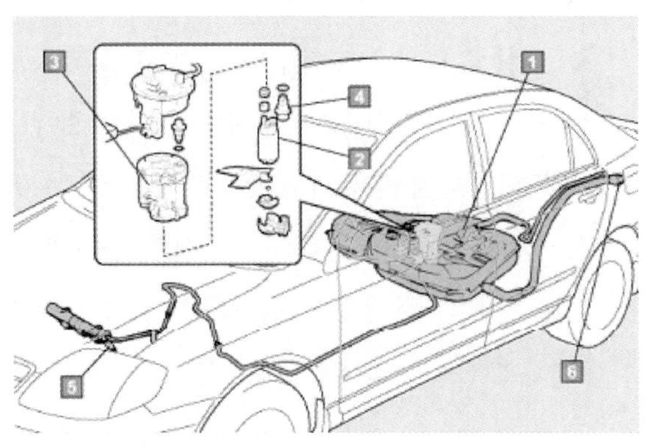

(1) 燃油供给系统的功用

向发动机供应______________

调节______________

清除______________

(2) 部件名称（填空题）

1 油箱

2 燃油泵

3 ______________

4 ______________

5 ______________

6 燃油箱盖

（3）进气系统各部件的功用（连线题）

1 油箱

2 燃油泵

3 ____________

4 ____________

5 ____________

6 燃油箱盖

◆ 将燃油从燃油箱泵到发动机，使燃油管保持固定的压力

◆ 对来自 ECU 的信号做出反应，线圈将柱塞拉起，并打开阀门喷射燃油。喷射的燃油与空气混合，混合物被送到气缸。为了获得最佳空气—燃油混合比，ECU 调节喷射时间和喷射量

◆ 清除燃油中的污物。为了防止它们被吸入喷油器，使用过滤纸清除污物

◆ 将燃油调整到设定压力，使燃油系统总是有稳定的燃油供给

6. 请观察下图，并结合实车，认识汽车润滑系统。将润滑系统的功用、对应的部件名称填写在下面的空白处。

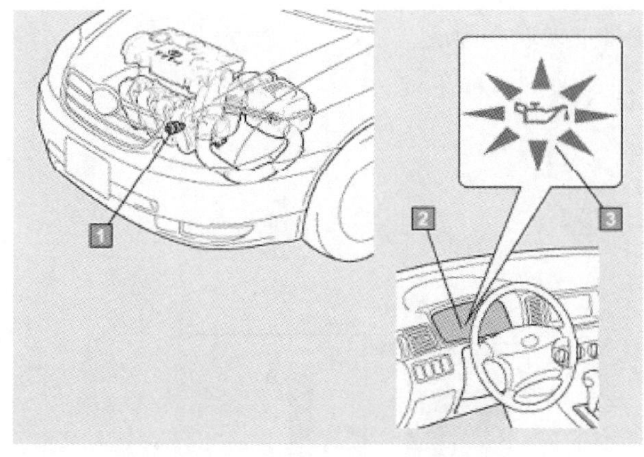

（1）润滑系统的功用

输送________，减小____________

还能________并________零件表面

（2）部件名称（填空题）

1 油压力开关

2 组合仪表

3 __________

7．请观察下图，并结合实车，认识汽车冷却系统。将冷却系统的功用、对应的部件名称填写在下面的空白处。

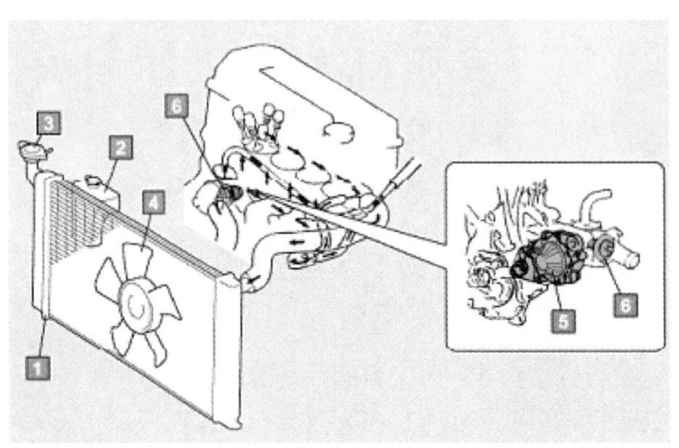

（1）冷却系统的功用

____

____

____

（2）部件名称（填空题）

1 ________________

2 ________________

3 ________________

4 ________________

5 ________________

6 ________________

小资料

储液罐的功用：它与散热器相连，当散热器温度上升时，冷却液膨胀并从散热器溢出流入储液罐，当散热器冷却时，便从储液罐中吸取冷却液。

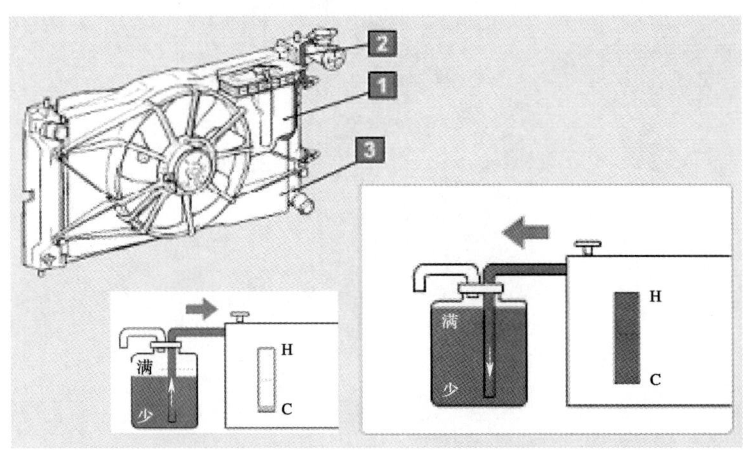

8．请观察下图，并结合实车，认识汽车点火系统。将点火系统的功用、对应的部件名称填写在下面的空白处。

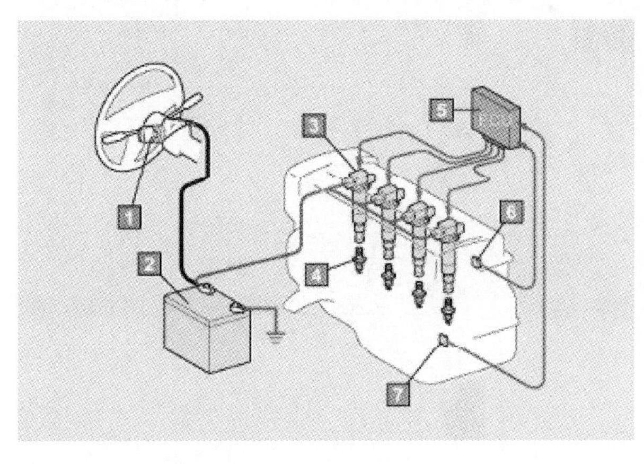

（1）点火系统的功用

____

____

（2）部件名称（填空题）

1 ______________

2 ______________

3 ______________

4 ______________

5 ______________

6 ______________

7 ______________

9．请观察下图，并结合实车，认识汽车起动系统。将起动系统的功用、对应的部件名称填写在下面的空白处。

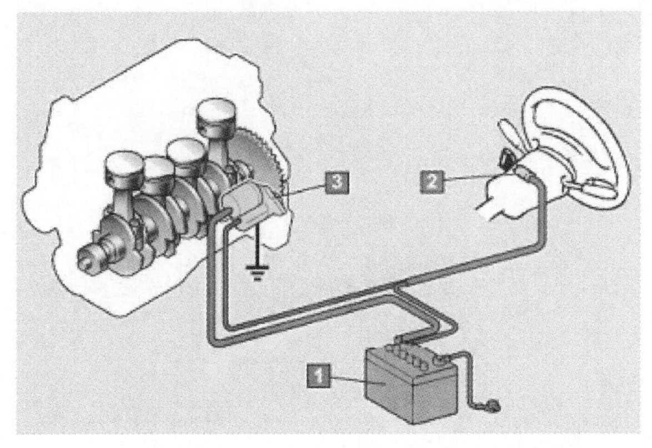

（1）起动系统的功用（选择题）

提供内燃机曲轴的起动转矩，使其达到必需的起动（□转速　□时间），并进入自行运转状态。

（2）部件名称（连线题）

1 ______________

2 点火钥匙

3 ______________

10．请观察下图，并结合实车，说明发动机前端的传动带一般有几条？分别连接哪些部件？将各部件的名称填写在下面的空白处。

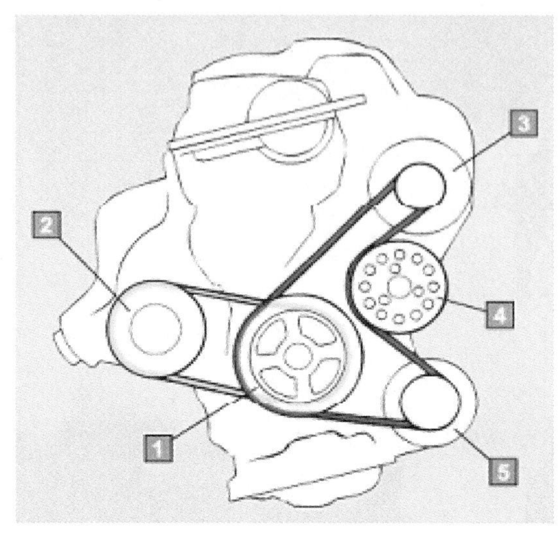

（1）有________条传动带

（2）连接的部件包括：

____

____

____

（3）部件名称（填空题）

1 ____________

2 ____________

3 ____________

4 ____________

5 ____________

三、汽车底盘总体认识

汽车底盘主要由传动系、行驶系、转向系和制动系四部分组成，它的作用是支撑、安装汽车发动机及其各部件、总成，形成汽车的整体造型，并接受发动机的动力，使汽车产生运动，保证正常行驶。请通过咨询教师或者查阅资料等方法，回答下列问题。

1. 发动机前置是汽车常见的发动机布置形式，其动力传递路线是靠传动系来完成的。将汽车底盘传动系的功用、对应的部件名称填写在下面的空白处。

（1）汽车传动系的类型有以下五种，请填空。

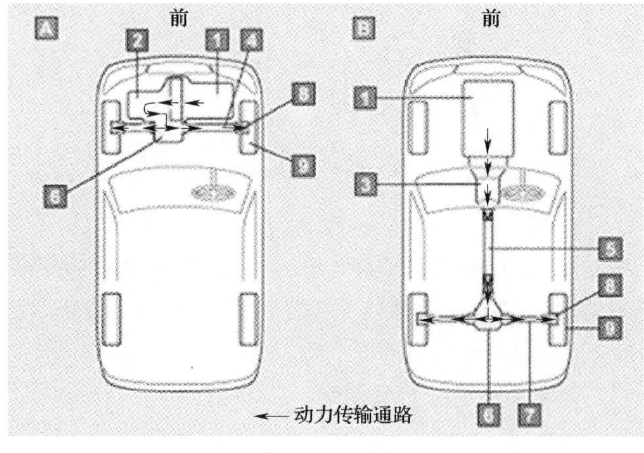

1）传动系类型

- FF：发动机前置/前轮驱动车辆
- FR：________________
- 4WD：________________
- MT：________________
- AT：________________

2）部件名称（填空题）

1 发动机 2 传动桥 3 ______

4 驱动轴 5 传动轴 6 差速器

7 车桥轴 8 车桥 9 ______

（2）发动机先将动力传递给离合器，除了传递动力外，离合器还有哪些功用？是不是所有汽车都配有离合器？请在实车上找到离合器及相关部件的安装位置。

（3）发动机的变矩范围是有限的，很难适应不同路况对转矩的要求，那么，由谁来承担变矩功能呢？识读下图，认知手动变速器传动路线。在实车上找到变速器，进行挂挡操作，并叙述变速器的功用。

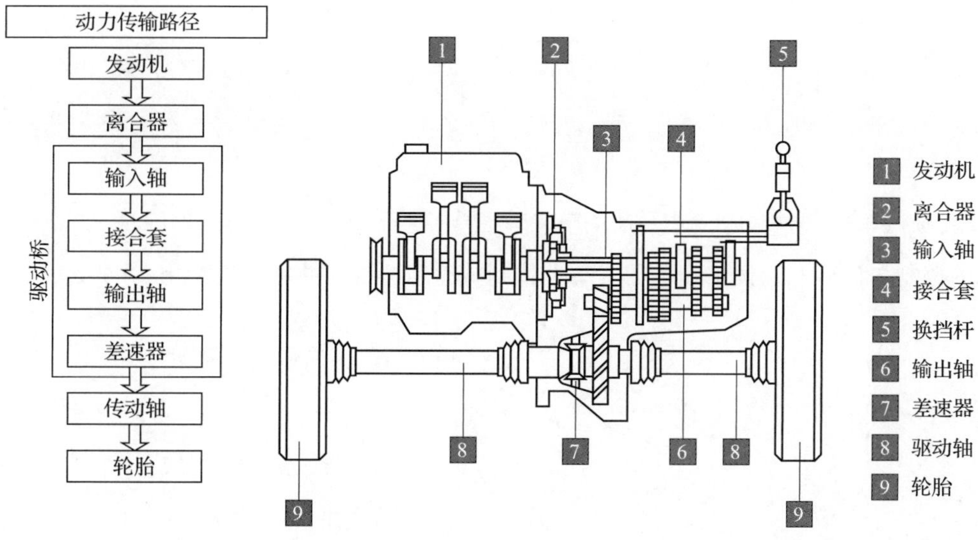

变速器的功用：

a. 通过改变传动比，扩大驱动轮转矩和转速的变化范围，以适应汽车不同行驶条件的需要，同时使发动机尽量在有利的工况下运转。

b. ______________________________

c. ______________________________

（4）除了上述手动变速器外，还有哪些变速器类型，各有什么特点？不同类型的变速器在汽车驾驶操作上有哪些不同之处？

2. 在汽车转弯时，内、外两侧的车轮转速一样吗？由哪个系统（总成）来完成这种轮速差的控制与调节？识读下图，在实车上找到减速差速器，并叙述其功用。

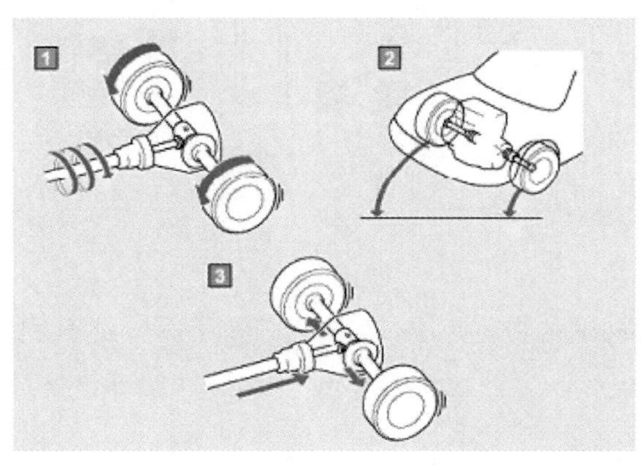

（1）车速是否一样？

____

（2）由哪个系统（总成）来完成这种轮速差的控制与调节？

____

（3）减速差速器的功用

____

____

____

3. 同样的路况下，为什么有些车感觉振动大，而有些车则振动小，较舒适？在实车上找到悬架（需要举升机吊装，下同），并叙述其功用和基本组成。

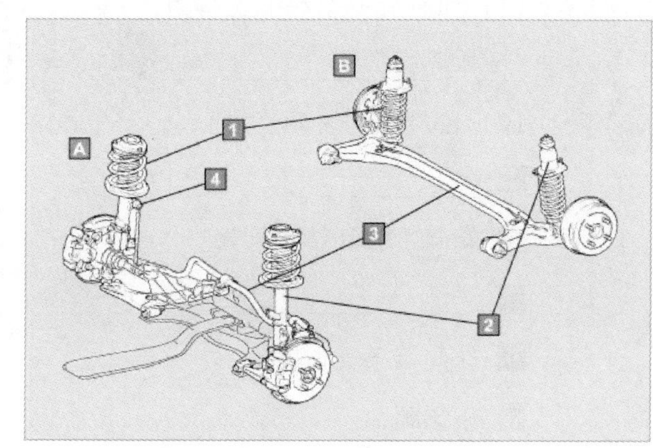

（1）悬架的功用

____

____

____

（2）基本组成（填空题）

1 ______________

2 ______________

3 ______________

4 ______________

（3）汽车上常见的悬架有非独立悬架和独立悬架两种，其特点是什么？对照一下教学用整车的前、后悬架属于哪种类型？

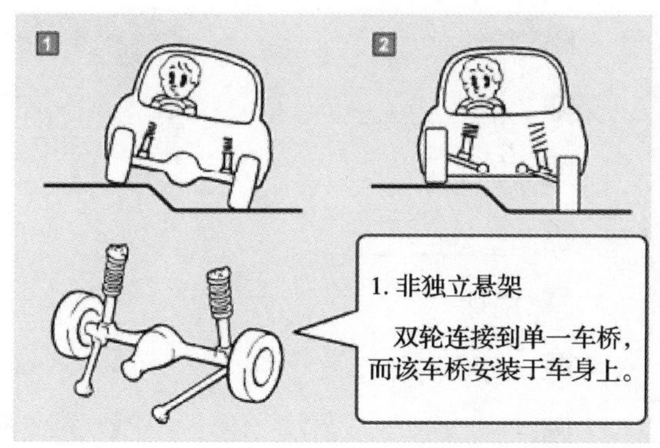

特点：

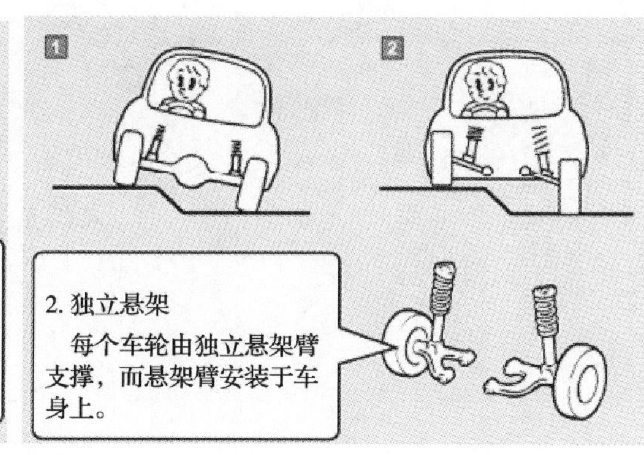

特点：

4．为什么有些车在操纵方向盘时感觉很费力，而有些车则轻松多了？在实车上找到转向系统，并叙述其功用。目前，汽车上常见的转向系统有哪几种类型？写出下列图片所示转向系统的类型和特点。

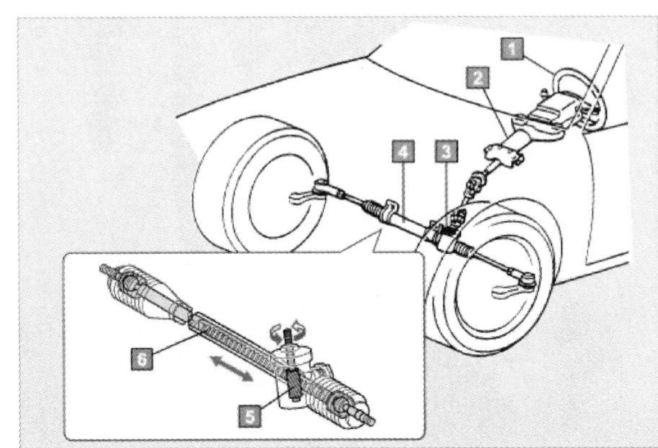

（1）该种转向系统的类型为：

____

（2）部件名称（填空题）

1 ______________

2 转向主轴和转向柱管

3 ______________

4 转向齿条壳体

5 小齿轮

6 齿条

（3）该种转向系统的类型为：

____

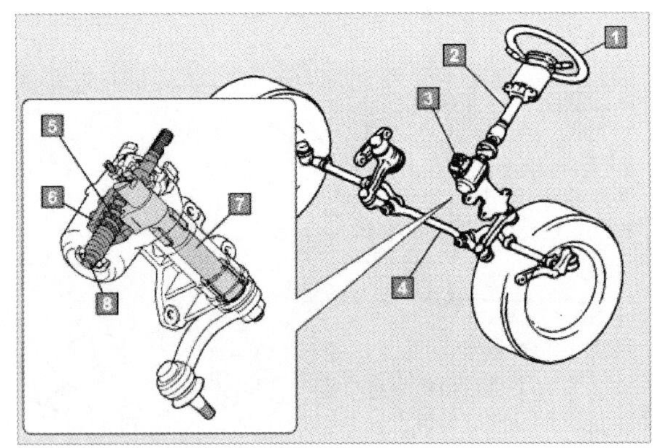

（4）部件名称（填空题）

1 方向盘

2 ______________

3 转向机

4 ______________

5 钢球

6 球形螺母

7 ______________

8 螺杆

5．日常生活中，常听到的“脚刹”“手刹”，其专业名称叫什么？在什么情况下使用？

（1）在实车上找到制动系统，并叙述其功用和组成。观察下图，在图中将脚制动（行车制动）相关部件涂成红色，将驻车制动相关部件涂成蓝色。

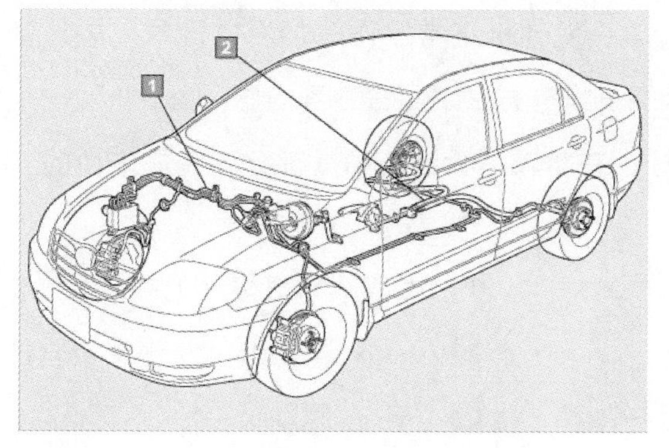

制动系统的功用

____

____

____

（2）结合实车和下列两图，分别叙述行车制动系统和驻车制动系统的功用，并填写各组成部分的名称。

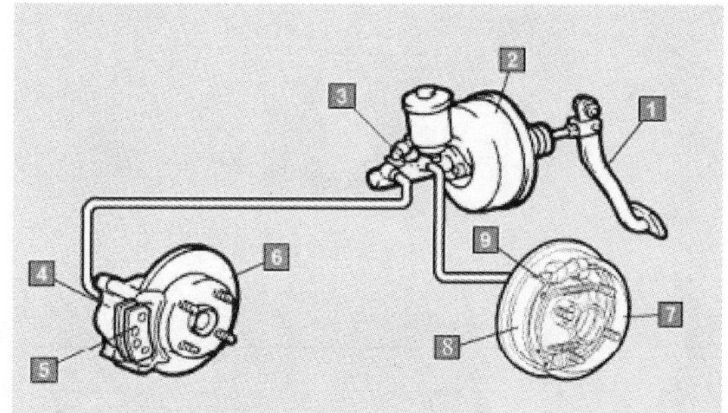

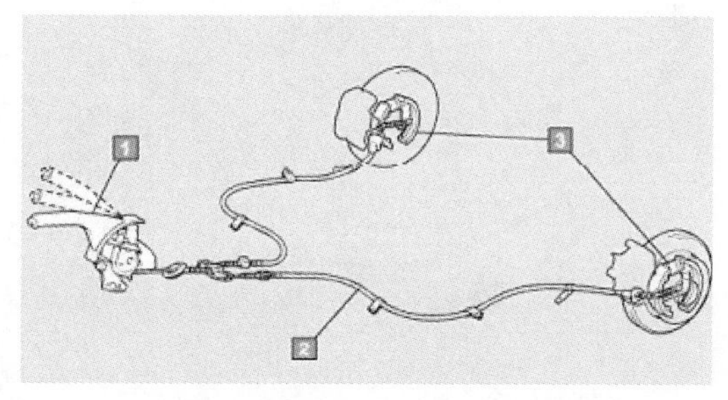

1）行车制动系统的功用

____

____

2）基本组成（填空题）

1 ______________

2 制动助力器

3 ______________

4 盘式制动器的制动卡钳

5 盘式制动器摩擦片

6 ______________

7 制动鼓

8 制动衬片

9 制动蹄片

1）驻车制动系统的功用

____

____

2）基本组成（填空题）

1 ______________

2 驻车制动缆线

3 ______________

四、汽车电气系统总体认识

汽车电气设备主要由蓄电池、发电机、起动机、点火系、仪表装置、照明装置、音响装置等组成。汽车启动时，蓄电池向起动机供电；发动机正常工作时，发电机向用电设备供电和向蓄电池充电。请通过咨询教师或者查阅资料等方法，回答下列问题。

1. 下图所示为发动机电气系统的基本组成，在实车上找到各组成部分，完成下面的连线题，并简介其基本功用。

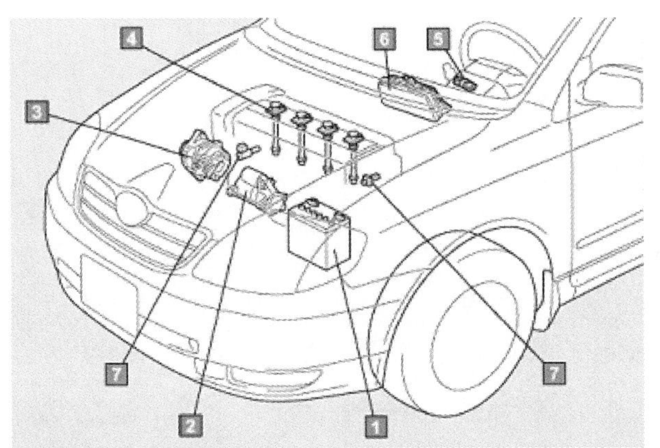

（1）组成部分名称（连线题）

1　蓄电池

2　起动机

3　发电机

4　点火器

5　点火开关

6　仪表盘

7　传感器

（2）电气系统的功用

____

____

____

2. 蓄电池是一种可逆直流电源，它是汽车的两大电源之一，在汽车上与发电机并联，共同向用电设备供电。请回答下列问题。

（1）蓄电池的功用是什么?

（2）从汽车上哪里可以看出蓄电池容量是多少?

（3）如何检查蓄电池是否电量充足?

（4）若蓄电池没电了，应如何正确更换蓄电池，应先拆蓄电池的正极还是负极，为什么?

3. 结合实车找到发电机的位置，识读下图了解充电系统的组成，写出其功用及各组成部分的名称。

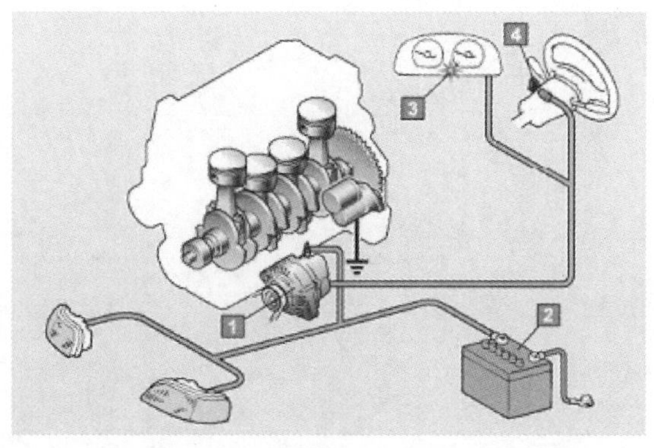

（1）充电系统的功用

____

____

____

____

（2）组成部分名称（填空题）

1 ________________

2 ________________

3 ________________

4 ________________

4. 在实车上认知车身电气各部件，包括线束、开关和继电器、照明系统、组合式仪表和计量表、刮水器和喷洗器、空调等，并说明下列图片中显示的汽车各电气部件的名称。

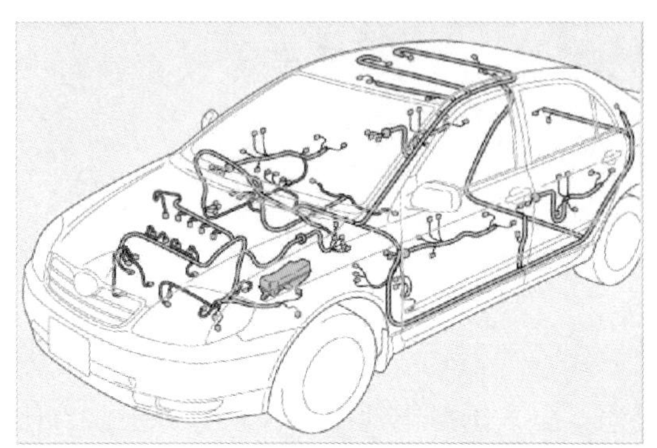

名称：

名称：

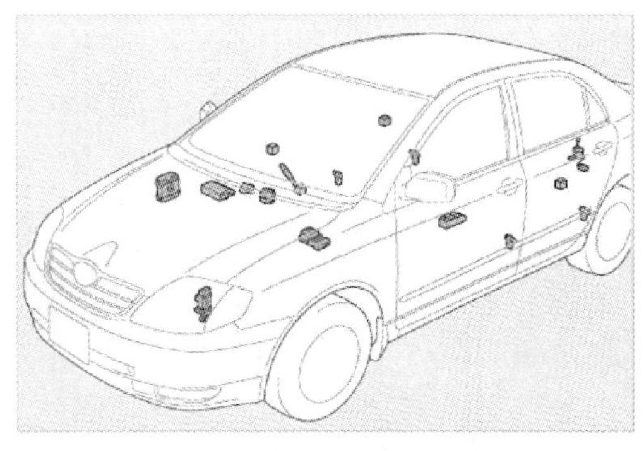

名称：

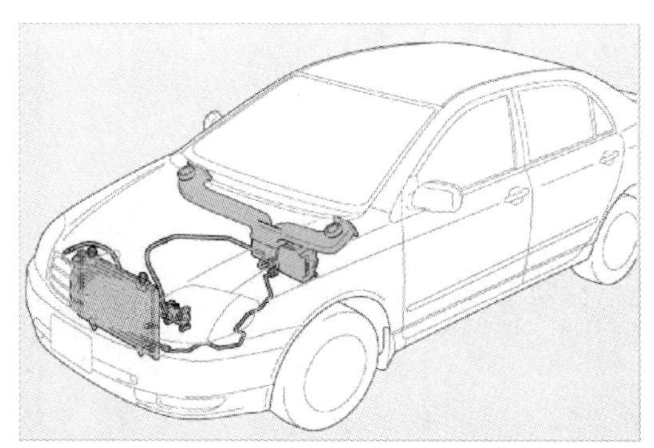

名称：

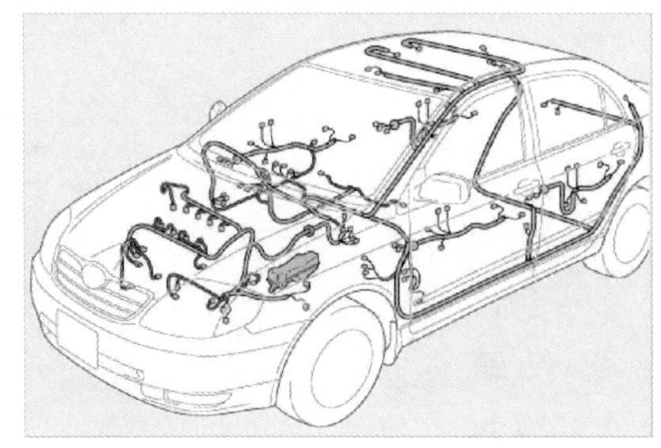

名称：

名称：

5. 操作并观察汽车外部照明及信号灯，并描述每种灯的名称和功用。

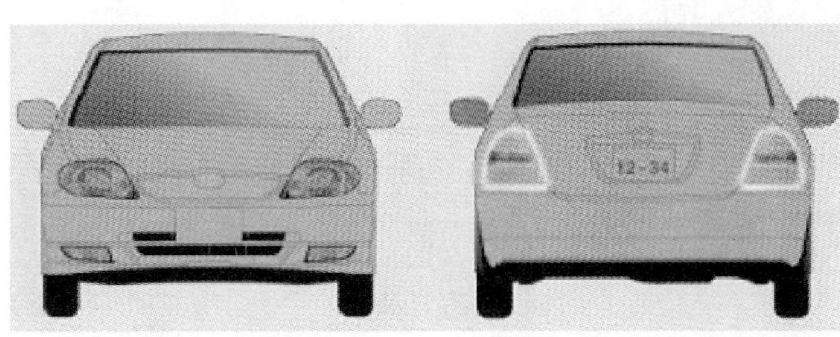

(1) 名称 尾灯

(2) 功用

在夜晚或者在隧道内行驶时，尾灯可告知后面的车辆前方有车在行驶。

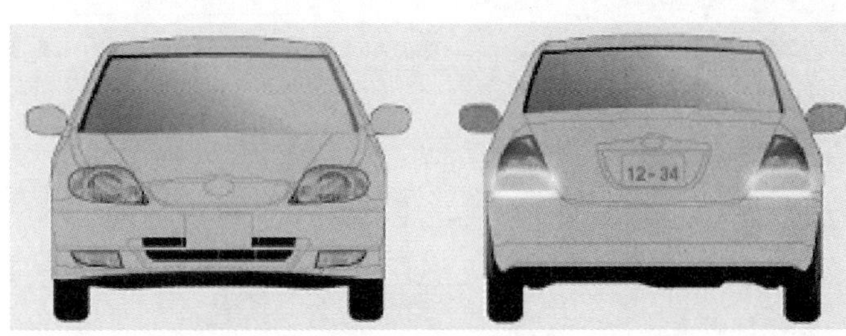

(1) 名称 停车灯

(2) 功用

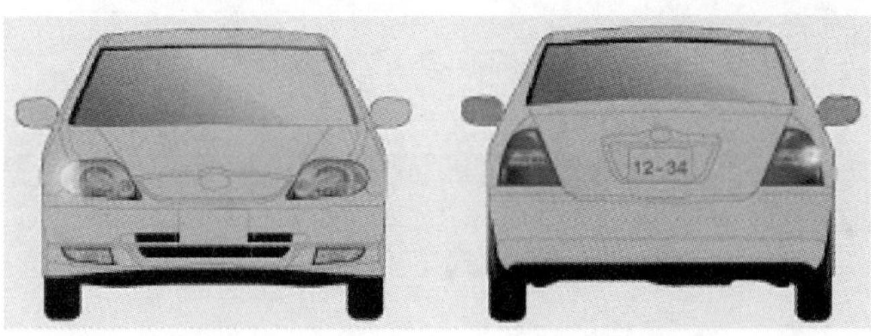

(1) 名称 转向信号灯

(2) 功用

(1) 名称 危险警告灯

(2) 功用

(1) 名称 倒车灯

(2) 功用

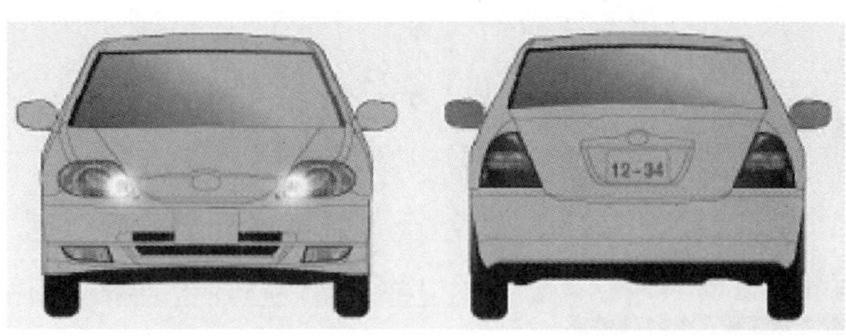

（1）名称 示宽灯

（2）功用

____

____

____

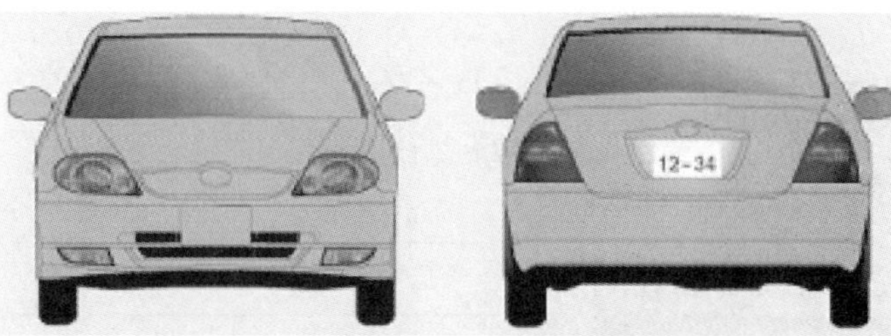

（1）名称 牌照灯

（2）功用

____

____

____

（1）名称 前后雾灯

（2）功用

____

____

____

6．你能识读汽车仪表板上各种仪表和指示灯吗？结合下图及实车，指认并描述仪表板上的各种仪表和指示灯的名称。

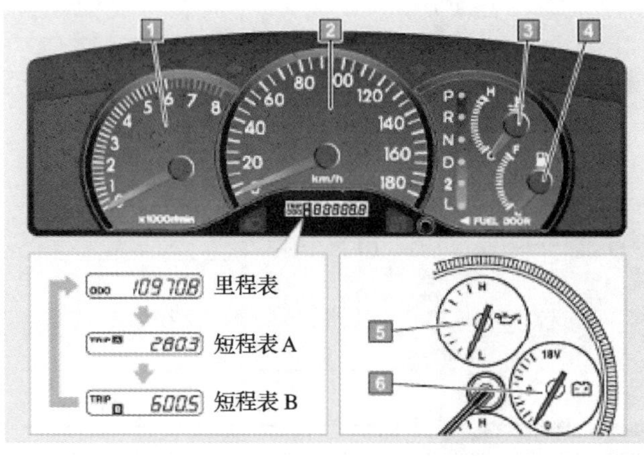

（1）各部分名称

1 发动机转速表

2 ______________________

3 ______________________

4 ______________________

5 ______________________

6 ______________________

(2) 各部分名称

1 ________　2 ________

3 ________　4 ________

5 ________　6 ________

7 ________　8 ________

9 ________　10 ________

11 ________

(3) 各部分名称

1 ________

2 ________

3 ________

4 ________

5 ________

学习任务二评价表

班级：__________ 姓名 ：__________ 学号：________

项目	自我评价			小组评价			教师评价		
	10～9	8～6	5～1	10～9	8～6	5～1	10～9	8～6	5～1
	占总评 10%			占总评 30%			占总评 60%		
学习活动 1									
学习活动 2									
协作精神									
纪律观念									
表达能力									
工作态度									
安全意识									
任务总体表现									
小计									
总评									

任课教师：________ 年 月 日

学习任务三　新车交接检查（PDI检查）

学习目标

1. 能识读新车检查单，并查阅车辆使用手册，列举新车检查的内容与作业流程。

2. 能描述新车检查作业的工量具及仪器设备的名称、种类、用途及使用方法，并能正确使用工量具和仪器设备。

3. 能按照新车检查项目，在规定时间内进行汽车外观及功能检查，并确保新车性能正常。

4. 能与他人合作，进行有效沟通。

建议学时

40 学时

工作情境描述

新车在售出之前，需要进行车辆交付前的外观、性能等检查，确认新车是否符合汽车交付要求。某汽车经销商授权某销售服务公司对售前汽车进行质量检查，维修接待员接受新车检查任务，准备相关的工具和表格，根据相应的表格内容，在规定的交车时间内，完成相应的项目检查，确认各项功能是否正常，填写表格并签字，确保用户最终从经销商手中买到一辆符合出厂标准的新车。

工作流程与活动

学习活动 1　新车检查前准备（8 学时）

学习活动 2　新车外部检查（6 学时）

学习活动 3　新车乘员舱检查（10 学时）

学习活动 4　新车发动机舱检查（8 学时）

学习活动 5　新车底盘检查（8 学时）

学习活动 1　新车检查前准备

学习目标

1. 能识读新车检查单，了解新车检查的内容与作业流程。

2. 能根据不同的检查内容，准备相应的新车检查工量具、仪器设备、辅助工具等。

3. 能掌握部分新车检查用工量具的使用方法和步骤，了解工量具使用安全事项。

4. 能与他人合作，进行有效沟通。

建议学时　8 学时

学习准备

1. 工量具、仪器设备：泡沫清洗机（或其他洗车设备）、吸尘器（干湿两用）、举升机、车载工具（千斤顶、轮胎扳手等）、万用表。

2. 辅助工具：水桶、海绵、擦拭用毛巾（长毛巾、短毛巾等）、玻璃清洗剂、座套、方向盘套、脚垫、翼子板布、中网布、挂挡杆套、手电筒。

3. 其他材料：车辆使用手册、教学用整车。

学习过程

PDI（Pre Delivery Inspection）检查是指新车出厂前检查，即车辆的售前检验记录。因为新车从生产厂到达经销商处可能经历了上千公里的运输路途和长时间的停放，为了向顾客保证新车的安全性和原厂性能，PDI 检查必不可少。越是高档车辆，其电子自动化程度越高，PDI 检查项目也就越多。PDI 检查项目范围很广，其中一些细微的检查也许车主连想都没有想过，如电池是否充放电正常、钥匙记忆功能是否匹配、舒适系统是否激活、仪表灯光功能是否设置到原厂要求等。技术人员所做的一切，为的是向顾客确保车辆的安全性和驾驶舒适性。

一、识读新车检查单（PDI 检查表）

1. 各汽车厂家的新车检查单（PDI 检查表）各不相同，但总体来说大同小异，请走进汽车维修企业，搜集各企业的 PDI 检查表，并把搜集到的检查表附在下列空白处。

2. 下面分别给出了两个汽车厂家的 PDI 检查表示例，请仔细阅读，熟悉表中各项检查内容和流程，并回答下列问题。

PDI 检查表示例（一）

交车前检查单

工作号	类型	代码	首次注册
底盘编号	发动机	千米数	维修顾问
车型描述	变速箱	年款	日期

交车前检查

	OK	NOK	已修复
熔丝（烟灰缸内）：安装	□	□	□
所有开关、用电设备、量表和其他控制装置：功能性检查	□	□	□
保养周期显示：复位	□	□	□
电动车窗：检查定位（开启和关闭功能）	□	□	□
座椅记忆：进行初始化	□	□	□
时钟：设置到正确时间	□	□	□
环境温度显示：选择温度单位	□	□	□
Climatronic（自动空调）：设置温度为 22℃	□	□	□
收音机和导航系统：激活防盗码，设置当地广播电台和电视台并存储到电台按钮	□	□	□
收音机卡：将收音机序列号和固定的防盗代码贴在收音机卡上，不干胶贴在车辆数据胶贴上可以找到	□	□	□
检查车辆内部的清洁度：前排座椅和后排座椅、内饰、地毯/垫子、车窗	□	□	□
座椅和地毯保护膜：去掉	□	□	□
安装放在车内的所有装备（如果属于原装件）：底板垫、刮水器臂、扰流板、车顶天线、车轮装饰件/轮毂盖、轮胎气门嘴延伸件	□	□	□
门边保护膜（塑料膜）：去掉	□	□	□
检查车辆外部的清洁度：漆面、装饰件、车窗、刮水器片、各个表面	□	□	□
车轮固定螺栓：正确紧固到规定扭矩	□	□	□
左前车轮轮胎充气压力：调整到正确压力	□	□	□
右前车轮轮胎充气压力：调整到正确压力	□	□	□
左后车轮轮胎充气压力：调整到正确压力	□	□	□
右后车轮轮胎充气压力：调整到正确压力	□	□	□
备用车轮的轮胎充气压力：调整到正确压力	□	□	□
发动机舱内的发动机及组件：目测渗漏及损坏（不需拆下隔音用的发动机罩板）	□	□	□
目视检查下部有无泄漏和损坏（不需拆下隔音用的发动机罩板）：发动机、变速箱、转向机、球头及防尘套、管路及储液罐等	□	□	□
制动系统：目测渗漏及损坏（不需拆下隔音用的发动机罩板）	□	□	□
蓄电池：用手检查蓄电池接线柱的紧固程度，检查电压	□	□	□
风挡玻璃刮水/洗涤和大灯清洗系统：检查功能和设置；补充液位到最高位置	□	□	□
发动机油位：在添加机油时检查并注意机油规格	□	□	□
发动机及其发动机舱内的部件（从上面）：目视检查有无泄漏和损坏	□	□	□
冷却液位：确认在最高液位	□	□	□
助力转向：检查油位	□	□	□
制动液：确认在最高液位	□	□	□
首次保养标签：将标签贴在驾驶员侧门柱（B 柱）上；标签在车辆工具袋前面的一个说明条上，贴上标签后撕掉说明条	□	□	□
保养日程表：输入交车前检查	□	□	□
检查车辆资料是否完备，并准备需要给客户的交车资料	□	□	□

OK = 正常　　NOK = 不正常，请注意维修说明　　已修复 = 故障现在已修复，作业单另附

日期/签字（执行人）　　日期/签字（最后检查人）

PDI 检查表示例（二）

××汽车 PDI 检查表

中转库（经销商）名称：______________ 维修站名称：________________

检查表编号：______________

入厂日期：　年　月　日	车型：	引擎号码：	检查技师：
检查日期：　年　月　日	里程：	底盘号码：	

A. 车辆外观检查

A01 全车漆面　A02 车门踏板、门框压条、门窗压条外观检查　A03 车门开关不易、异音
A04 车灯内有水气　A05 轮胎、备胎、轮胎盖、胎压、螺帽扭力检查　A06 饰条松脱（左前门/左后门/右前门/右后门）

B. 引擎室检查

B01 皮带松紧度与外观检查　B02 变速箱油量及是否泄漏　B03 电瓶桩头、电瓶液面
B04 水箱、副水箱冷却液面　B05 方向机油量及是否泄漏　B06 熔丝确认
B07 挡风玻璃清洗液、喷水管固定情形　B08 刹车油壶油量检查、添加及是否泄漏
B09 检查各油、水管路与接头有无泄漏或生锈　B10 机油油量检查、添加及是否泄漏
B11 离合器油量及是否泄漏　B12 引擎室配线配管不可干涉及松动检查

C. 车辆内部检查（乘员室内点检）

1. 座椅：驾驶座/前方乘客座/中排座（厢型车）/后座

C11 座椅扶手机能　C12 前后移动有问题　C13 椅背调整时有问题　C14 无法调整座椅高度
C15 头枕检查　C16 座椅异音　C17 座椅不良、凹陷、松脱　C18 后座椅折叠不易

2. 安全带（驾驶座/前方乘客座/中排座/后座）

C21 安全带很难扣上或无法弹回

3. 各内装件（异音/功能）

C31 方向盘高低调整功能　C32 仪表板　C33 手套箱/遮阳板　C34 门饰板/顶篷
C35 中央置物盒　C36 置杯架　C37 点烟器

4. 仪表功能检查

C41 仪表各项灯号及指针功能检查

5. 功能件检查

C51 后挡除雾线/后视镜　C52 电动窗（防夹功能、上下动作异音、抖动）　C53 车窗（手动式）
C54 AUDIO PHONE 功能　C55 电子钟（时间设定是否正确）

C56 门锁/遥控锁/门控	C57 手刹车动作及响数检查

6．雨刷作用及喷水头角度（检查前请确认玻璃与雨刷片，且没有灰尘油污）

C61 前雨刷/后雨刷/喷水器	C62 远光灯/近光灯	C63 方向灯/尾灯/车幅灯/雾灯
C64 故障指示灯	C65 室内灯/阅读灯/门灯/行李箱灯	C66 刹车灯/倒车灯/牌照灯
C67 仪表照明及警告灯检查	C68 指示灯检查	

7．冷暖气系统（无法正常运作/噪声/其他问题）

C71 冷气效果	C72 鼓风机异音	C73 冷暖气异音
C74 空调系统无法正常工作	C75 空调系统操作不易	C76 室内及室外暖气开关动作及各出风口作用检查
C77 车窗易起雾（说明）	C78 顶上箱出风口漏水（走行）	

8．音响系统

C81 音响、收音机收讯、喇叭功能、CD、天线功能检查	C82 收音效果差（AM/FM/两者）

D．动态检查

	手排车	自排车
D11 转向异音、引擎水温显示异常	D13 离合器系统检查	D15 变速箱异音
D12 直行方向盘不正	D14 排挡时齿轮异音或排挡困难	D16 换挡不平顺

引擎运转情形（热车/冷车/起动/停车时，ABS 等仪表灯亮）			
D21 怠速抖动	D22 引擎 CHECK 灯、ABS 灯亮	D23 怠速太高（含 A/C）	D24 引擎异音

走行检查

D31 座椅异音	D32 仪表板异音	D33 饰板异音	D34 行李箱/尾门异音
D35 中柱异音	D36 刹车偏向	D37 底盘异音	D38 离合器/刹车异音
D39 刹车抖动	D40 顶篷异音	D41 避振器/方向柱异音	D42 刹车力不足

E．车辆底盘检查（将车辆顶起，如车辆未马上出车，胎压应保持在 3.5kg/cm^2）

E01 底盘、机油、刹车油、汽油管路检查	E02 避振器泄漏检查	E03 冷却水泄漏检查
E04 变速箱泄漏检查	E05 汽油滤清器泄漏检查	E06 汽油管路及接头是否泄漏
E07 方向机油泄漏检查	E08 排气系统及隔热罩	E09 离合器系统（踏板高度、拉索）
E10 转向系统连杆机构检查	E11 驱动接头及各螺钉扭力检查	E12 轮胎胎纹正确性检查
E13 全车螺钉确认紧度	E14 底盘清洁度	

F. 其他异常注记

序号	不良项目代号	说明	序号	不良项目代号	说明
1			5		
2			6		
3			7		
4			8		

G. 客户访谈、问题点注记说明

（1）检查流程一般是按照检查人员走动的路线进行设计的，检查内容也是按照这一原则进行划分的。一般情况是先看车辆的外观，然后检查人员进入乘员舱检查，接着打开发动机舱盖，检查完发动机舱后顶起车辆检查底盘，最后把车辆放下来，完成检查作业。请说说看，这样设计检查流程有什么好处？

（2）按照上述检查流程，简述新车检查可以划分为哪些大类？

（3）每类检查包含哪些内容？（查阅车辆使用手册，将你找到的相关检查内容记录下来，并与同学们进行讨论，确认需要检查的工作内容）

小资料

确认检查车辆是否为新车

新车部分参数检查的内容见下表：

序号	项目	详细介绍	检查
1	出厂日期	3 个月以上为库存车，最好是近一个月内	
2	车号	合格证上的 VIN 码要与发动机牌、车架、风挡上号码一致	
3	票据	发票 3 张、出厂证、保修单（有 4S 店印章）、说明书	
4	参数检查	车型、功率、排量、座椅数量、发动机型号与说明书一致	
5	行驶里程	应小于 50 km，10 km 左右是正常的	
6	轮胎磨损	轮胎花纹接口处的细柱型胶条和花纹中间的胶刺、胎毛	
7	刹车盘	刹车盘有无磨损、印记、生锈	

一般来说，新车检查时首先检查出厂日期、车架号和发动机号，认真阅读产品合格证和产品说明书，核对车型、功率、排量、座椅数量、发动机型号等要与产品说明书一致；其次，检查总里程数应小于 50 km；最后，目测一下轮胎磨损和刹车片磨损是否在要求范围内。

确认为新车后，再进行外观检查、内部检查等内容。

二、新车外观、内饰检查前准备

1. 为了更好地看清楚汽车外观（包括漆面、金属件、车门、轮胎等），一般来说，新车检查前首先要对汽车进行清洗。

请到4S店参观洗车步骤，或者观摩洗车流程的影像资料，回答下列问题。

（1）清洗汽车时需要用到哪些工量具、设备和辅助工具？请罗列在下表中。

清洗汽车时所用工量具、设备	清洗汽车时所用辅助工具

（2）哪种方法洗车洗得干净？哪种方法洗车快？哪种方法洗车时对车身漆面伤害最少？

（3）你的汽车真的清洗干净了吗，如何判断？洗车除了“干净”之外，还需要注意哪些问题？

（4）结合下图，总结洗车的步骤有哪些？洗车时有哪些注意事项？并分组进行洗车练习。

洗车的步骤：

洗车的注意事项：

洗车看起来容易，其实要洗好车，也不容易

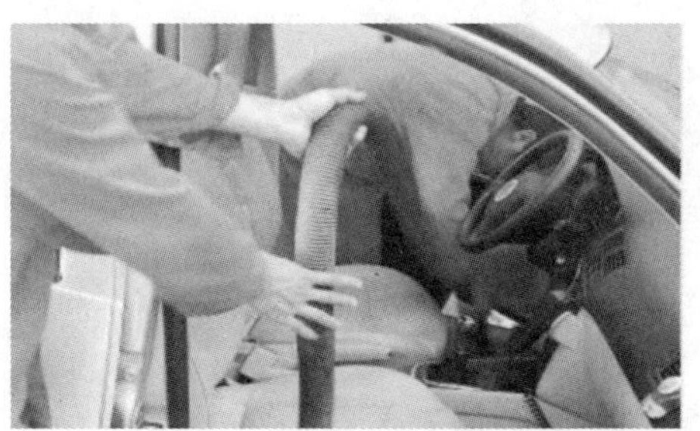

洗车不仅要顾“面子”，也要注意内部清洁

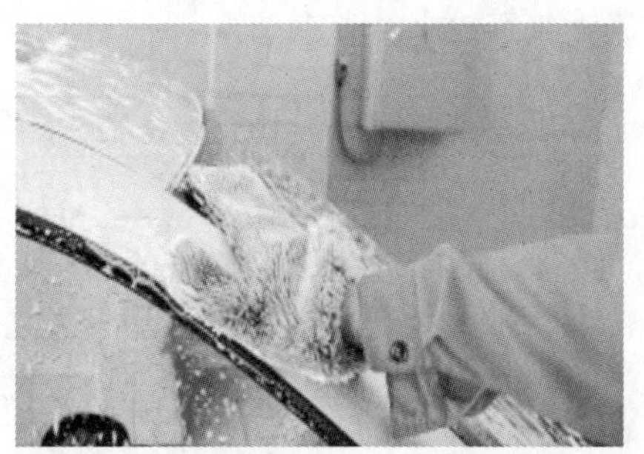

擦拭一定要戴上手套，以免刮伤车漆

洗车是个细活儿，急不得

2. 结合下图，请说明进行汽车内部检查之前需要准备哪些工量具和辅助工具。查阅这些工具的使用方法和注意事项，并回答下列问题。

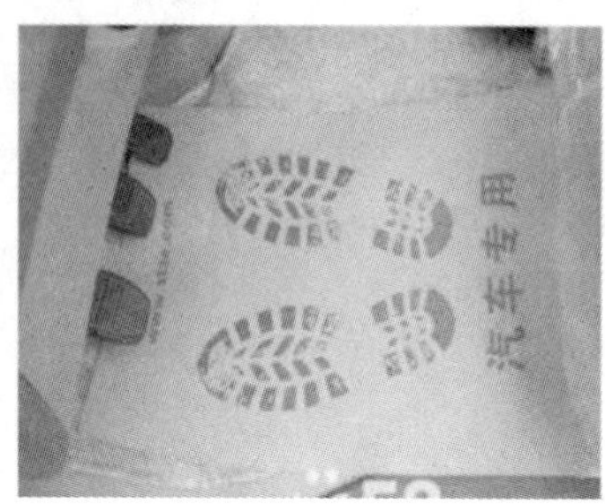

（1）所需工量具及辅助工具：

（2）实际操作：请平整、迅速地铺上三件套（可以以小组比赛的形式开展教学）。

3. 请写出下图中各种保护垫的名称，并练习正确地铺装这些保护垫。

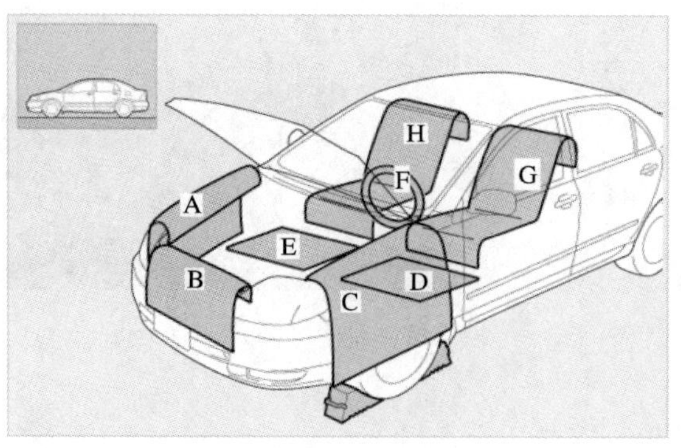

序号	铺装位置
A	
B	
C	
D	
E	
F	
G	
H	

三、新车发动机舱检查前准备

检查汽车发动机舱时，需要使用各种辅助用具，请回答下列问题。

1. 检查发动机舱时需要哪些工量具和辅助工具？请补充并完善下表。

序号	工具名称	作用
1	万用表	
2		测量冷冻液冰点
3	手电筒	
4	扭力扳手	
5	翼子板布	
6		
7		
8		

2. 在检查什么项目时要铺上翼子板布？结合下图，说出翼子板布主要铺在汽车的哪三个部位？

四、底盘检查前准备

举升机是汽车检查、维护、维修时的重要设备之一，查找互联网及相关资料，回答下列问题。

1．调研一下目前汽车维修企业中常用的举升机有哪些类型？结合下表，说明这三种类型举升机的名称和适用范围。

举升机的类型包括：____

举升机图片	类型名称	适用范围
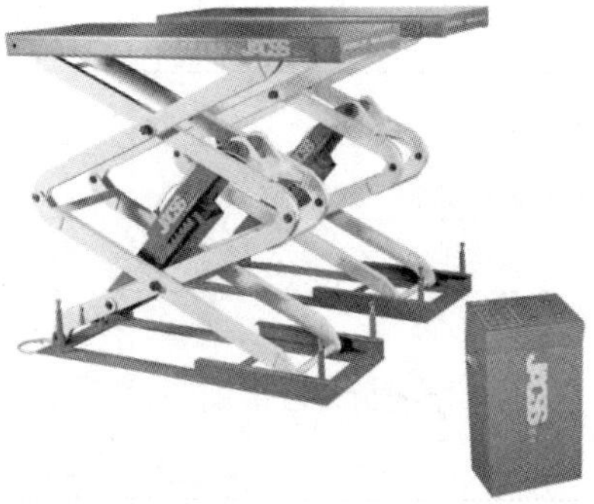		

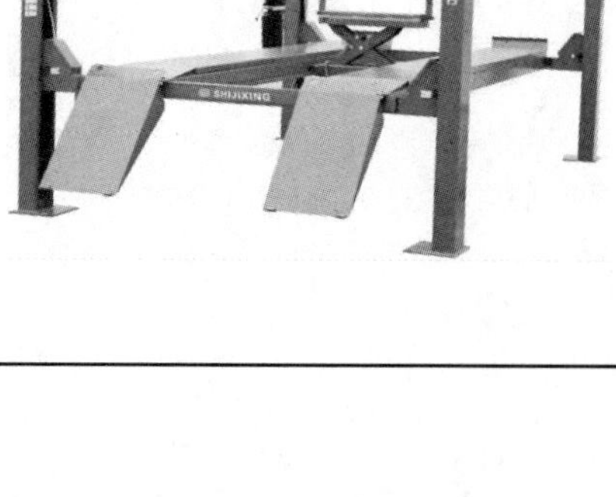		

2. 以小组为单位，以教学场所采用的举升机类型为例，说明举升机的使用方法和操作步骤，并在教师的指导下进行举升机的操作练习。

3. 下表中给出了举升机的部分注意事项，通过上面的学习，能够了解举升机的操作步骤，请按照正确的操作步骤举升车辆，结合操作练习情况，补充并完善举升汽车时的注意事项。

图　　片	注意事项
3000kg	举升车辆前，将车轮垫木或其他轮胎挡块放在车轮下，以防止车辆移动。举升机的支架应在规定的正确举升点支撑车辆；车辆顶起后，应采取适当的保护，确保安全，然后再开始工作
	举升前先确保车辆周围无人员或物品影响举升机正常工作

续表

图　　片	注意事项
	车辆举升，刚离开地面时应该晃动车辆，检查支撑的可靠性 检查方法：________________
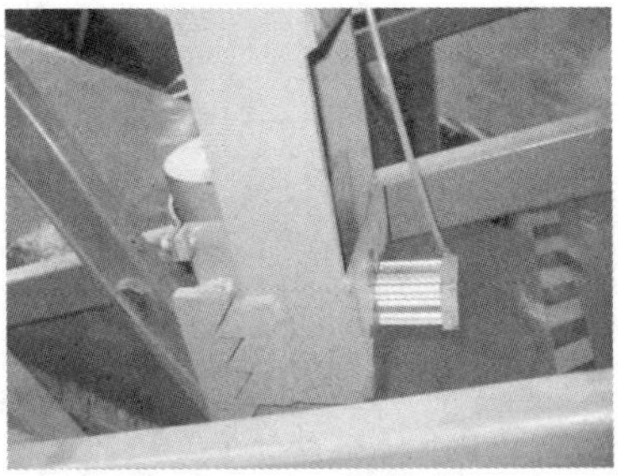	确保举升的保险装置能正常工作 确定方法：________________

五、车载工具的检查

车辆初检时，需要检查车载文件及工具是否齐全。下表中列出了各种车载工具的图片，请分别写出它们的名称及使用位置。

车载工具名称	使用位置	图　　片
		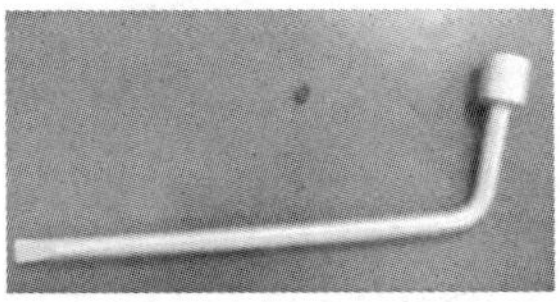

续表

车载工具名称	使用位置	图　片
	距离故障车辆 100 m 处进行设置	
	前、后拖车挂钩处	
	支撑车辆	

六、拟定新车检查方案

根据本学习活动所学内容，以小组为单位，参考下图及车辆使用手册，按照二人作业法，策划一次系统且完整的新车交接检查作业项目，讨论作业方案，并请教师对策划方案进行点评。在后续的新车检查作业中对所制定的方案进行验证和总结。

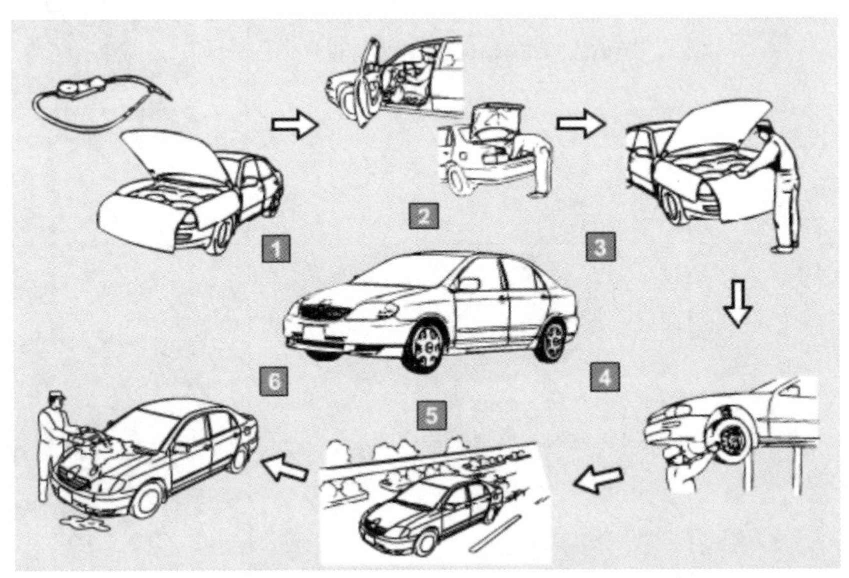

学习活动 2　新车外部检查

学习目标

1. 能根据新车检查单列举车辆外部检查的作业项目，了解新车外部检查的内容与作业流程。

2. 能按照制定的新车外部检查作业流程进行新车外部检查作业。

3. 能掌握新车外部检查用工量具的使用方法和步骤，了解工量具使用安全事项。

4. 能与他人合作，进行有效沟通。

建议学时　6 学时

学习准备

1. 工量具、仪器设备：举升机。

2. 辅助工具：座套、方向盘套、脚垫、翼子板布、中网布、挂挡杆套、车轮挡块。

3. 其他材料：车辆使用手册、教学用整车。

学习过程

一、列举新车外部检查项目

通过学习活动 1 识读新车检查单的过程，可以了解到新车外部检查的作业项目有哪些？每个作业项目中的作业内容包括什么？请罗列在下表中。

作业项目	作业内容

二、掌握新车外部检查内容及检查方法

1. 车身漆面的检查。

（1）检查汽车油漆、金属表面一般采用近距离目视的检查方法，在距离检查部位 1 m 处，从正面、侧面等多方向进行目视检查。请查阅相关资料，确认新车检查中，油漆、金属表面检查的项目有哪些？这些项目都包含哪些内容？

（2）仔细观察下列图片，说说这些汽车漆面存在的质量问题属于哪种类型？（请在下列范围内选择：鱼眼、针孔、起泡、水印、剥落、龟裂）

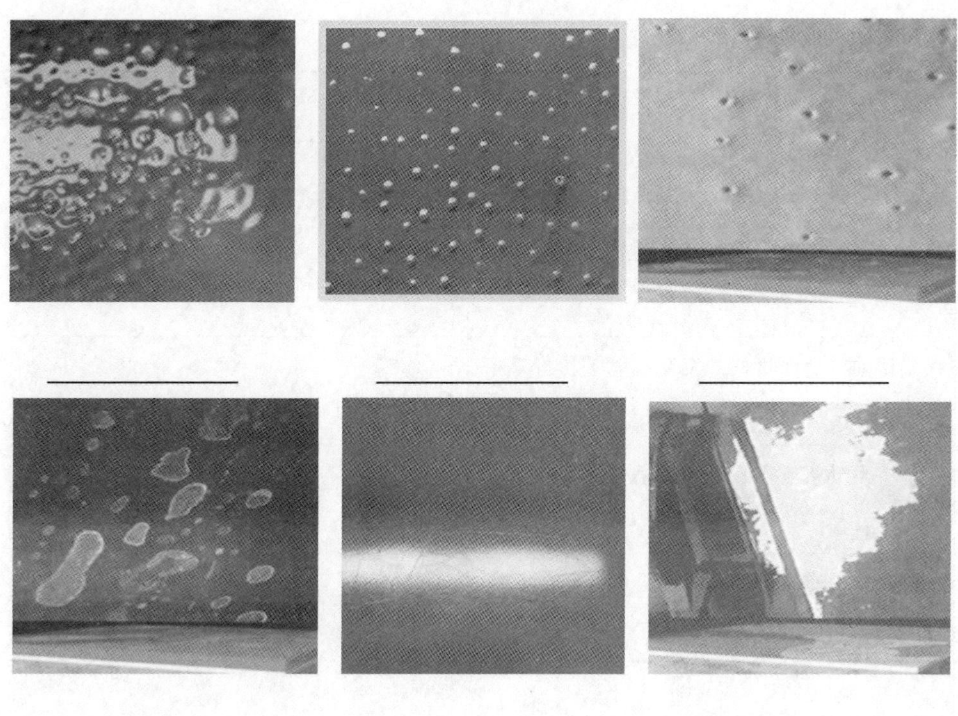

（3）请按照下表所示检查流程，检查教学用整车的漆面、金属表面是否存在问题？若存在问题，写出是哪种类型的问题。

次序	检查部位	有无问题	问题类型
1	前保险杠		
2	发动机舱盖		
3	左前翼子板		
4	左前后视镜		
5	左后翼子板		
6	后尾箱盖		
7	后保险杠		
8	右后翼子板		
9	右前翼子板		
10	车顶		

2．车身配合间隙的检查。

检查内容	检查记录
（1）确认发动机舱盖、行李箱与两侧翼子板的配合间隙均匀、左右对称、平整度一致	
（2）确认前、后保险杠与翼子板的配合间隙均匀、平整一致	
（3）确认前、后保险杠与发动机舱盖、行李箱的配合间隙均匀	
（4）检查发动机舱盖、行李箱盖与车身、翼子板的配合间隙均匀、平整一致	
（5）检查四个车门与车身的配合间隙均匀、平整一致	

3．车身玻璃的检查。

（1）前/后挡风玻璃

检查内容	检查记录
1）检查确认玻璃表面无开裂、爆眼、划伤，且玻璃应平整	
2）透过玻璃看物体时，无变形的感觉	
3）检查确认前/后挡风玻璃光亮密封条配合牢固，无开裂、变形、翘起等现象	

（2）车窗玻璃

检查内容	检查记录
1）检查四门车窗玻璃、天窗和三角窗玻璃	
2）玻璃表面无开裂、爆眼、划伤	
3）透过玻璃看物体时，无变形的感觉	
4）检查确认窗框密封条无开裂、变形	

4．雨刮器刮臂及刮片的检查。

检查内容	检查记录
（1）检查雨刮器刮臂没有损坏或变形 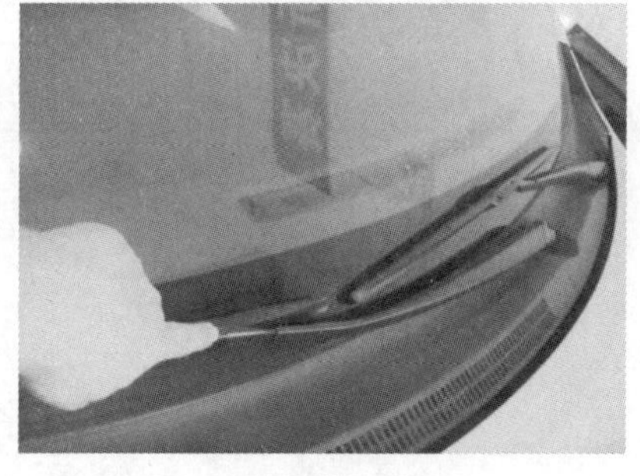	
（2）检查雨刮片表面平整、无损坏、变形等 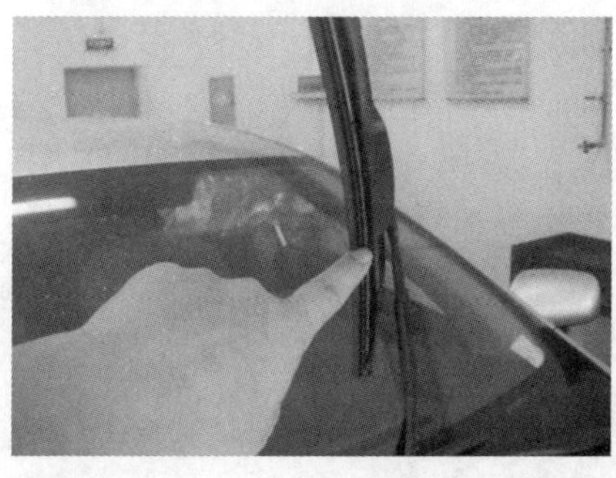	

5．照明灯具外观的检查。

检查内容	检查记录
（1）检查前后大灯、雾灯组合灯、侧面转向灯、后尾灯等与前后保险杠之间的配合间隙均匀、对称 	
（2）确认灯具表面干净，无划痕、裂缝、破损 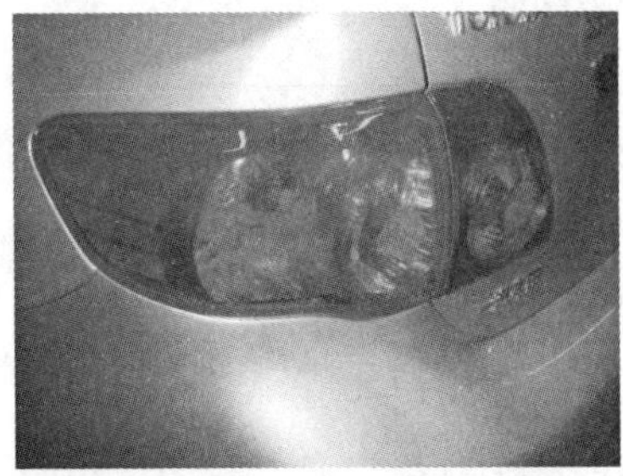	
（3）确认各灯具无进水、水汽的迹象 	

6．车身饰条、密封条、装饰条板的检查。

检查内容	检查记录
（1）顶部饰条：检查确认顶部饰条粘贴牢固，无翘起、破损等情况	
（2）上侧梁饰条：检查确认上侧梁饰条安装牢固，与上梁配合平整，镀铬表面无脱落、划伤、凹凸点、锈蚀、起泡等情况	
（3）门槛饰条：检查确认左右两侧门槛饰条安装牢固，与门槛配合平整，镀铬表面无脱落、划伤、凹凸点、锈蚀、起泡等情况	
（4）车门、翼子板光亮饰条：确认光亮饰条安装牢固，镀铬表面无脱落、划伤、凹凸点、锈蚀、起泡等情况，翼子板、车门光亮饰条过渡一致	
（5）前格栅、后牌照饰板：检查确认饰条安装牢固，无翘起；确认饰板镀铬表面无脱落、划伤、凹凸点、锈蚀、起泡等情况	
（6）车门窗台外侧密封条（有无）	
（7）车门窗台外侧密封条表面无划伤，安装牢固，与车窗玻璃的配合无间隙，尾部位置与左前门外柱饰条平齐	
（8）前后标牌、标识及 Logo 确认，前后车身上的标牌等粘贴牢固	
（9）确认前后车身上的标牌等清晰、正确	
（10）前后门外柱饰条（有无）	
（11）前后门外柱饰条表面无划伤，与左后门外柱饰条平整度一致，上下间隙均匀	

7. 油箱盖与车身的配合检查。

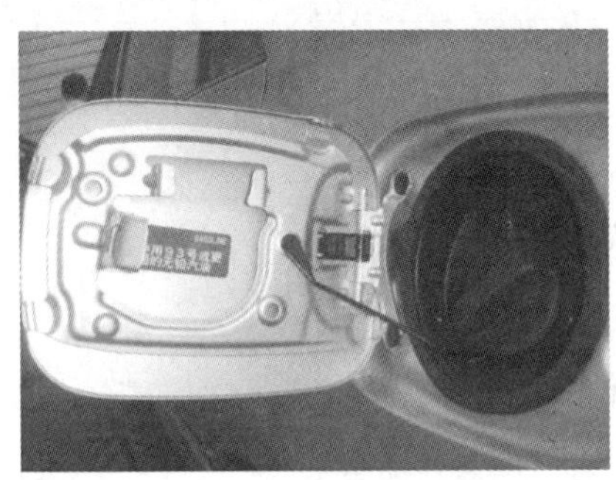

检查内容	检查记录
（1）检查确认油箱盖（加油门）在关闭的状态下，与车身的配合间隙均匀、对称、平整度一致	
（2）检查确认油箱盖（加油门）在车门解锁的状态下，能打开小门盖板	
（3）检查确认油箱盖上的标签已粘贴牢固，标签上的图标和字体清晰、正确	

8. 倒车雷达感应器的检查。

检查内容	检查记录
（1）检查确认倒车雷达感应器安装牢固，无漏装	
（2）检查确认倒车雷达感应器与后保险杠表面颜色一致	

9. 结合新车检查表，通过用户使用手册，完成新车外部检查—目视检查的车灯检查部分。

电器件名称	正常	不正常
大灯		
小灯		
前雾灯		
控制台灯光		
尾灯（后小灯）		
牌照灯		
后雾灯		
刹车灯		
倒车灯		
转向灯		
危险警告灯		

学习活动3　新车乘员舱检查

学习目标

1. 能根据新车检查单列举新车乘员舱检查的作业项目，了解新车乘员舱检查的内容与流程。

2. 能按照制定的新车乘员舱检查流程进行新车乘员舱检查作业。

3. 能掌握新车乘员舱检查用工量具的使用方法和步骤，了解工量具使用安全事项。

4. 能与他人合作，进行有效沟通。

建议学时　10学时。

学习准备

1. 辅助工具：座套、方向盘套、脚垫、翼子板布、中网布、挂挡杆套。

2. 其他材料：车辆使用手册、教学用整车。

学习过程

一、列举新车乘员舱检查项目

通过学习活动1识读新车检查单的过程，可以了解到新车乘员舱检查的作业项目有哪些？每个作业项目中的作业内容包括什么？请罗列在下表中。

作业项目	作业内容

续表

作业项目	作业内容

二、掌握乘员舱检查内容及检查方法

1. 中控门锁的操作与检查。

（1）按钮______锁止所有车门。

按钮______解锁所有车门。

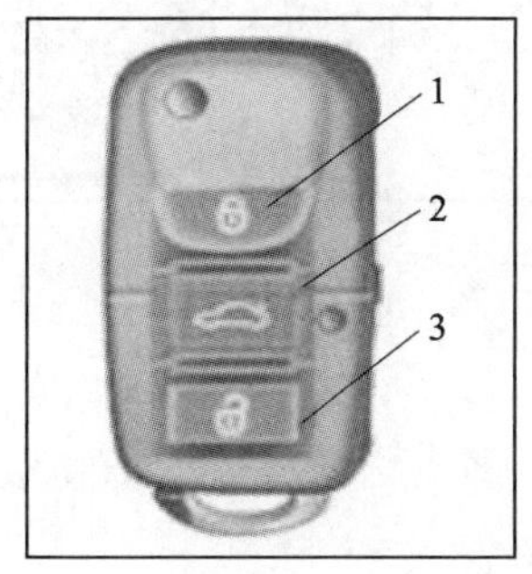

（2）方向______锁止所有车门。

方向______解锁所有车门。

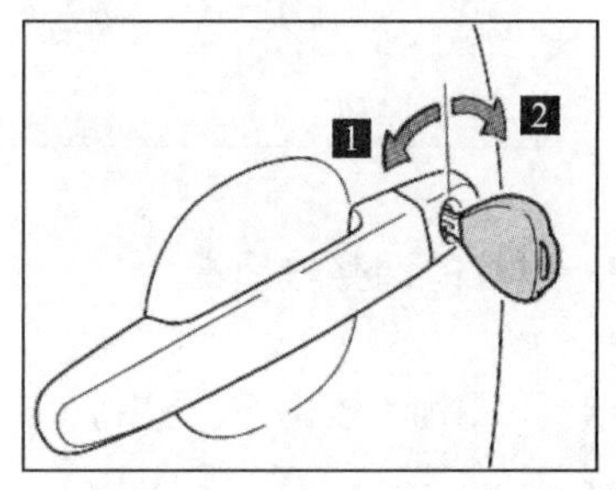

（3）按钮______锁止所有车门。

按钮______解锁所有车门。

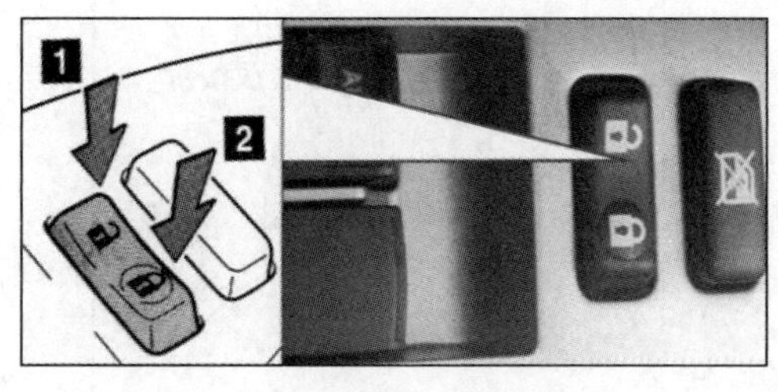

（4）方向______解锁该车门。

按钮______解锁所有车门。

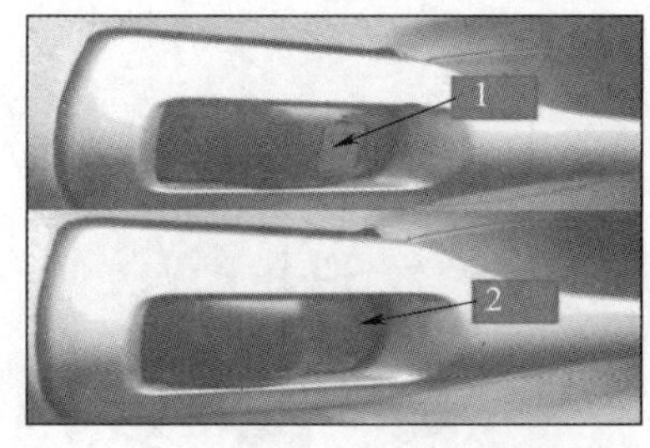

（5）______可以打开尾箱。

A. 向上拉　　B. 向下压

（6）方向______开启尾箱盖。

方向______锁止尾箱盖。

（7）打开燃油箱：箭头所指方框中要求的汽油牌号为：________________。

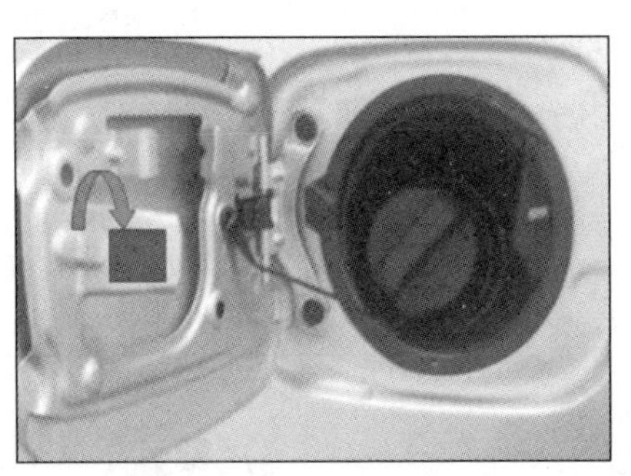

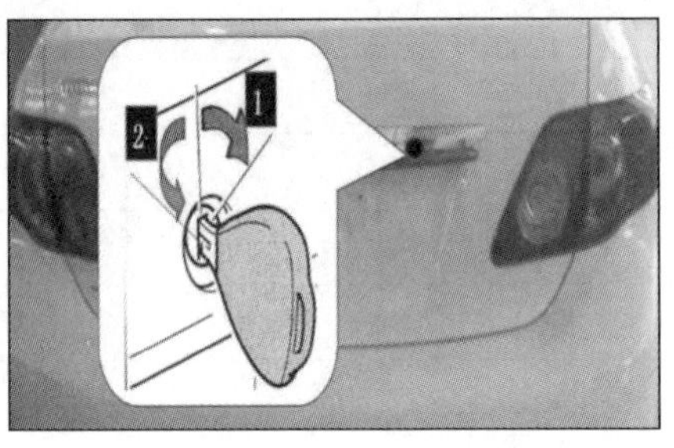

（8）图中所示位置为儿童锁______。

A. 起作用　B. 不起作用

2. 座椅的调整与检查。

（1）下图所示数字代码中，________为靠背倾斜调整杆，________为前后位置调整杆，______为垂直高度调整杆。

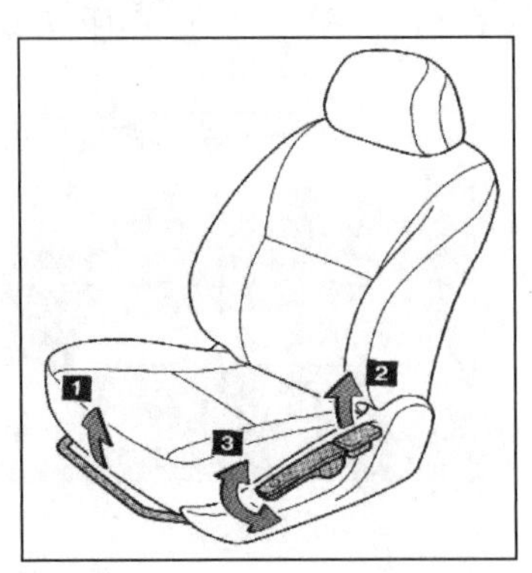

（2）下图所示数字代码中，____________为升高头枕，__________为降低头枕。

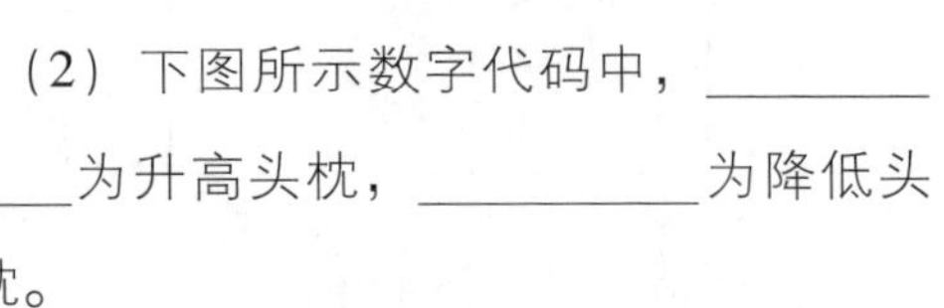

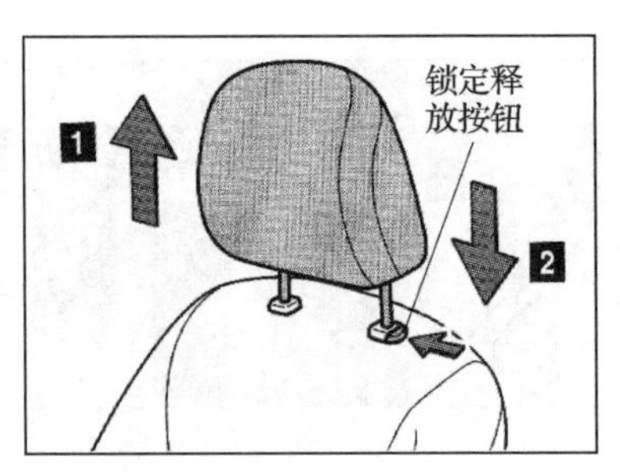

（3）步骤 1 的动作是______________。

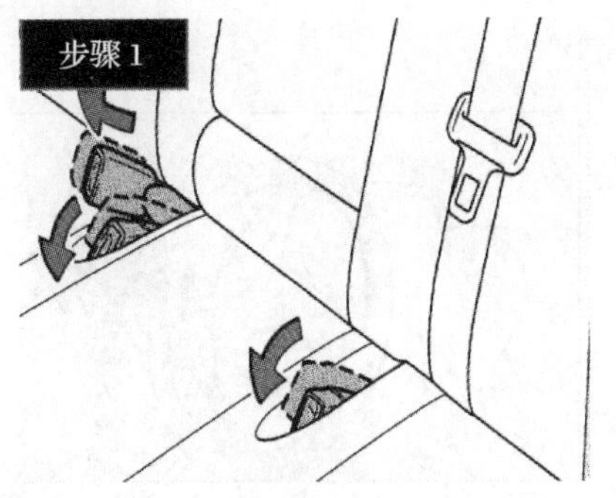

（4）步骤 2 的动作是：__________。

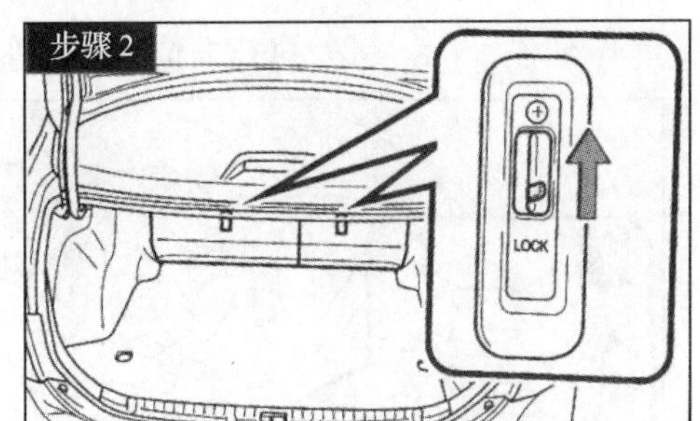

（5）步骤 3 的动作是：______________。

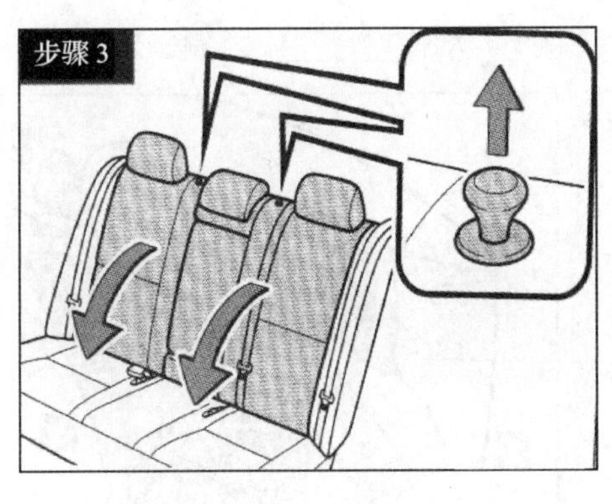

（6）下图中，后排座椅处于______状态。

3. 安全带的检查。

（1）动作______表示上移安全带。

动作______表示下移安全带。

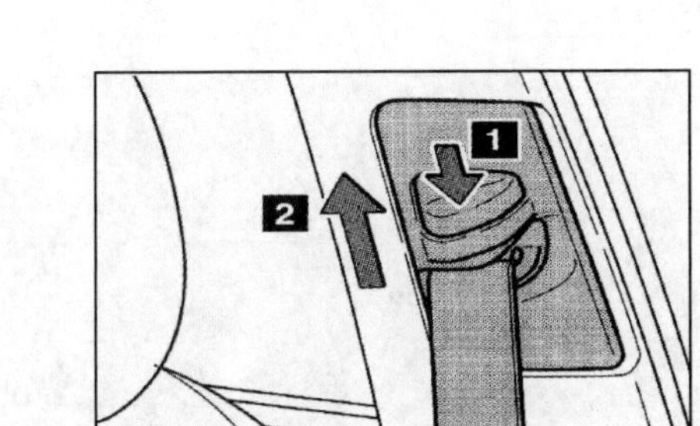

（2）动作______表示扣紧安全带。

动作______表示释放安全带。

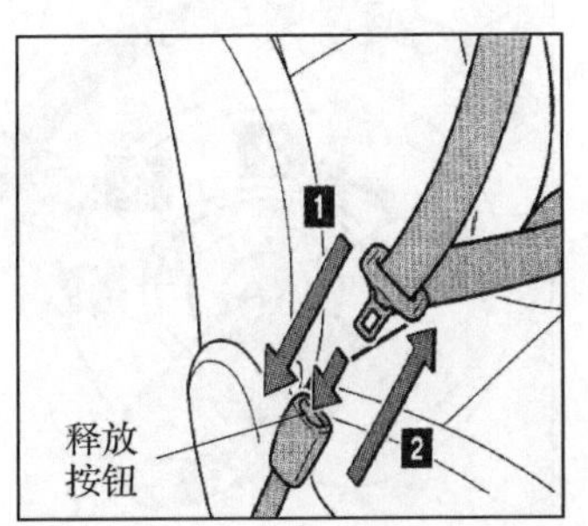

4. 方向盘的调整与检查。

（1）动作______可以执行方向盘调整。

动作______可以执行方向盘锁定。

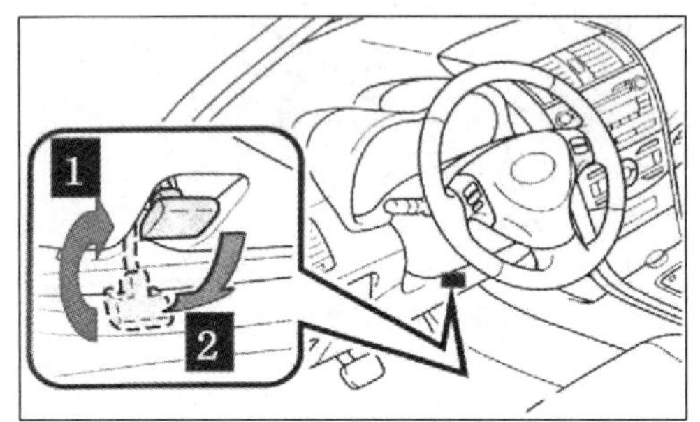

（2）方向盘应能执行____个方向上的调整。

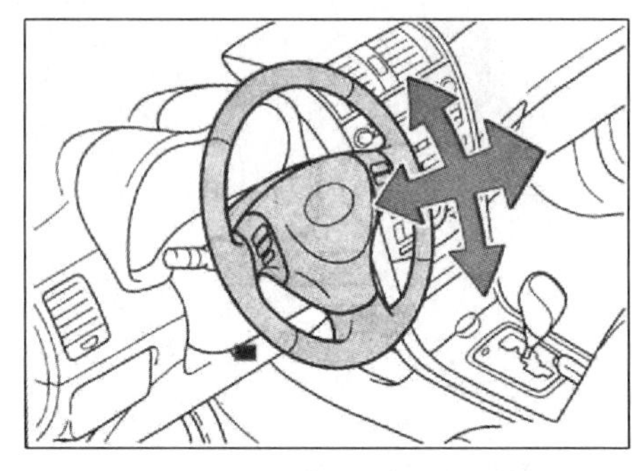

（3）按照下图所示的位置检查喇叭，能使喇叭发出正常声响的位置有______。

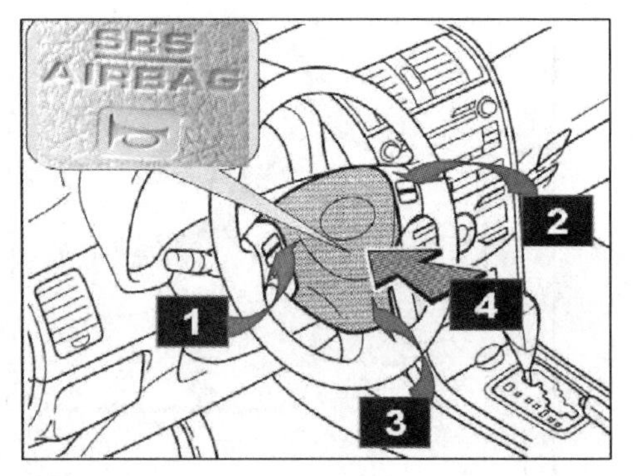

（4）动作________为调节座椅靠背。

动作________为系好安全带。

动作________为调整方向盘。

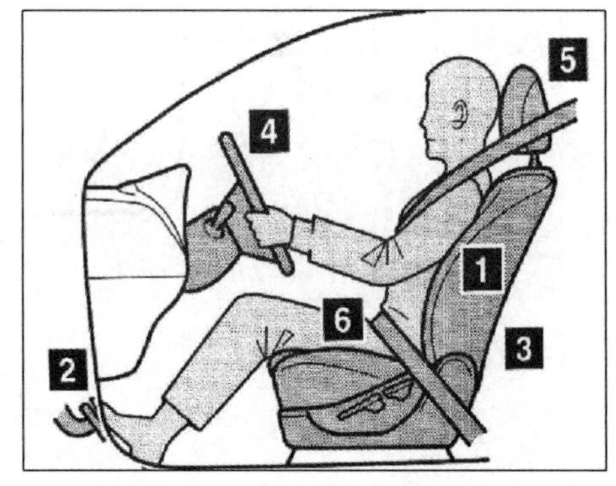

5. 点火开关的检查。

（1）点火开关处于______位置时，仪表指示灯点亮。

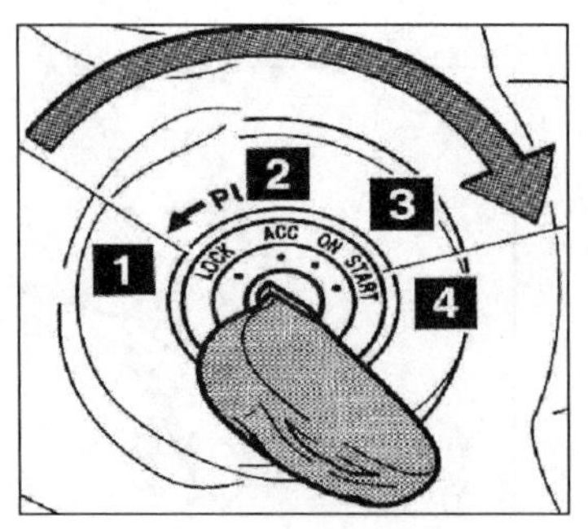

（2）拔出点火钥匙后，指示灯状态为________；钥匙位于“ACC”时，指示灯状态为______。

6. 仪表的检查。

(1) 点火开关位于下图中________位置时，图中标示的警告灯点亮。

图中标示的警告灯中，点亮 4 s 后熄灭的有___________。

图中标示的警告灯中，需要发动机起动后才能熄灭的有___________。

图中标示的警告灯中，颜色为黄色的有___________，颜色为红色的有___________。

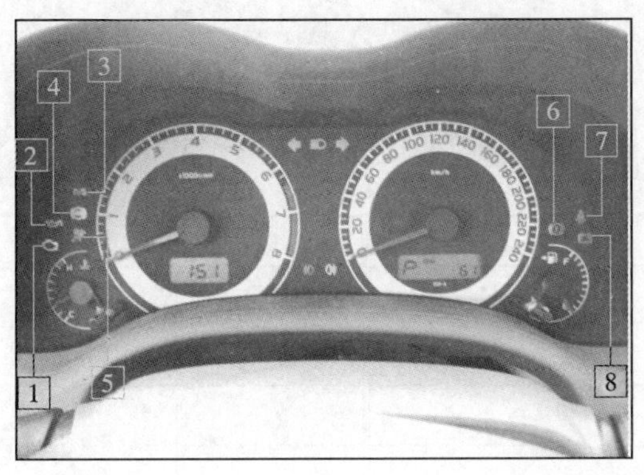

(2) 请将上图中序号代表的指示灯与其对应的名称进行连线（填空、连线题）。

1	机油警告灯
2	____________
3	ABS 警告灯
4	SRS 警告灯
5	发动机警告灯
6	安全带指示灯
7	充电指示灯
8	手刹灯

小提示

停车制动警告灯（手刹灯）在制动液面过低时也将点亮；检查发动机警告灯，它有时也作为废气排放指示灯。

（3）参考下图，将各种仪表的名称和序号对应起来。

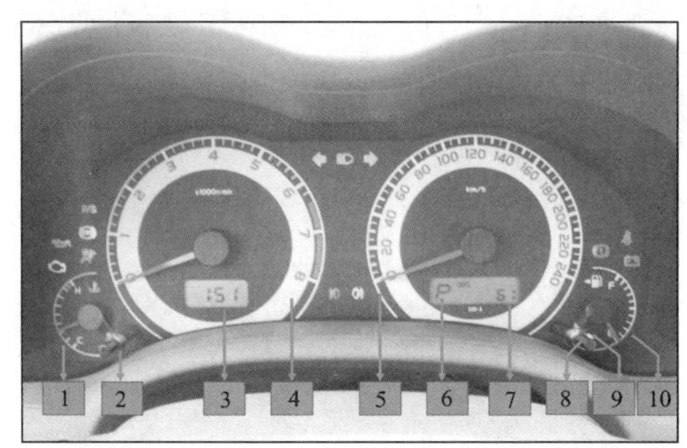

序号	名称	序号	名称
	燃油表		转速表
	车速表		水温表
	时钟显示		挡位显示
	里程计/总里程显示		时钟调整按钮
	里程计复位按钮		燃油液面过低警告灯

（4）下图中，水温表指示发动机处于______状态。

A. 过冷　B. 过热　C. 正常工作

（5）若转速表指针指向“2”的位置，读数应为______。

A. 2 000 r　B. 2 000 r/min

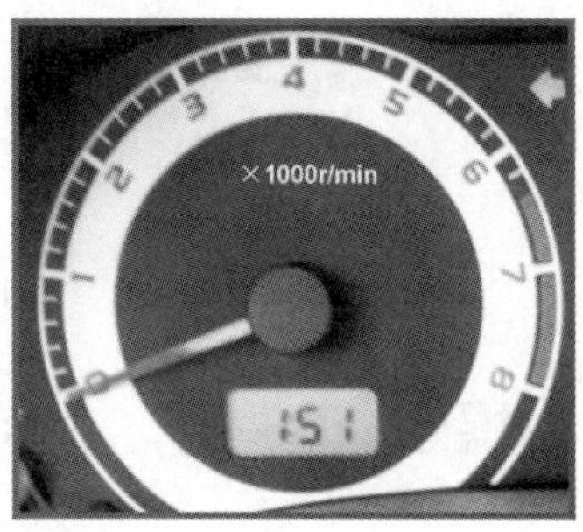

（6）调整时钟应按下列步骤进行：

步骤 1 ____→步骤 2 ____→步骤 3 ____

A. 按下时钟按钮，调整小时至“1”

B. 按下时钟按钮，调整分钟至“51”

C. 按住时钟按钮，进入时钟调整

（7）下图中，里程计显示的内容分别是：

1 显示____________

2 显示____________

3 显示____________

4 显示____________

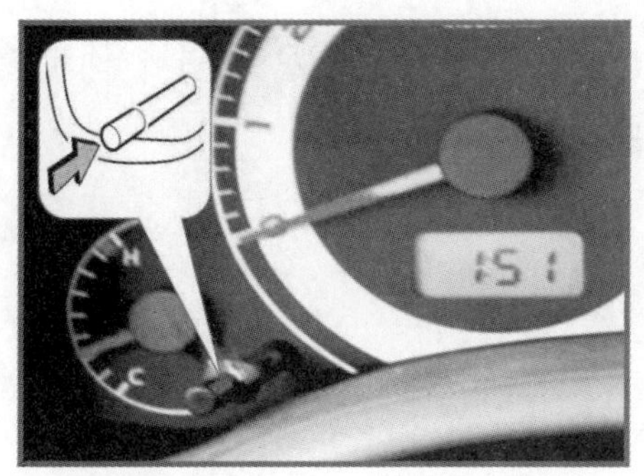

小提示：分钟或小时数值输入后需等待约 5 s 进行确认。

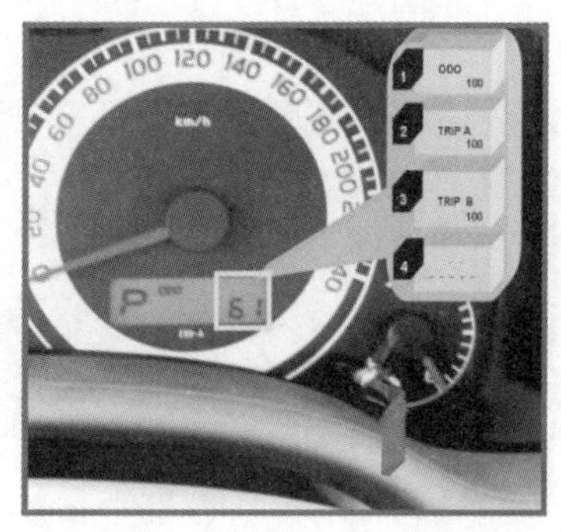

小提示：需按下里程计归零按钮进行切换检查。

（8）下图中，ODO“61”表示________

TRIP A“0.1”表示______________

TRIP B“0.1”表示______________

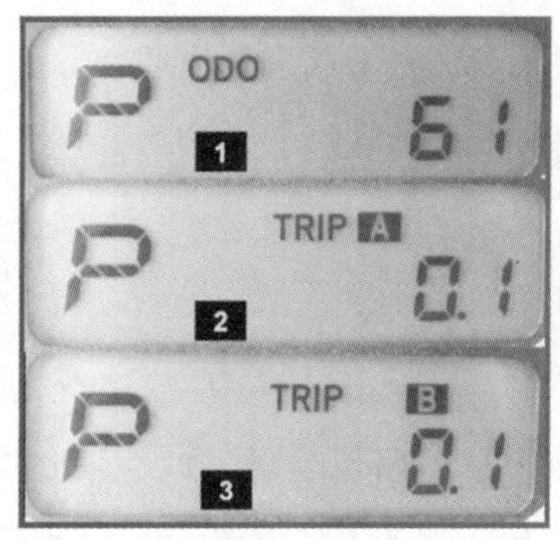

（9）换挡杆由上至下进行操作时，显示的挡位指示灯依次为______________。

小提示：为安全起见，配备自动变速箱的车型，启动时，应踩下制动踏板。

7．灯光的检查。

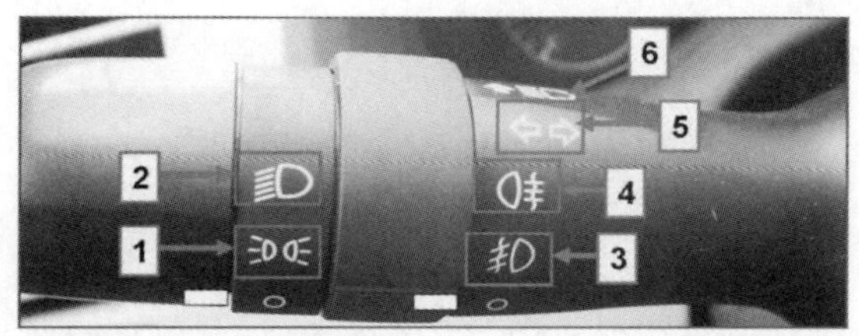

（1）左图所示灯光组合开关中，将各图标的序号及其含义进行连线（连线题）。

1	近光灯
2	前雾灯
3	后雾灯
4	左右转向灯
5	远光灯
6	小灯

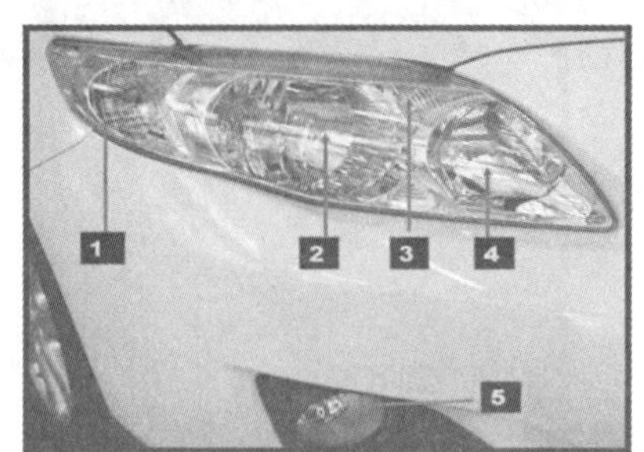

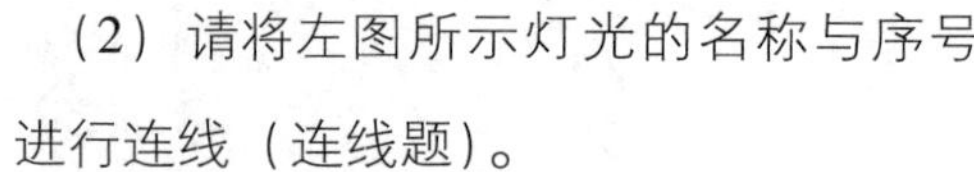

（2）请将左图所示灯光的名称与序号进行连线（连线题）。

1	近光灯
2	小灯
3	远光灯
4	前雾灯
5	转向灯

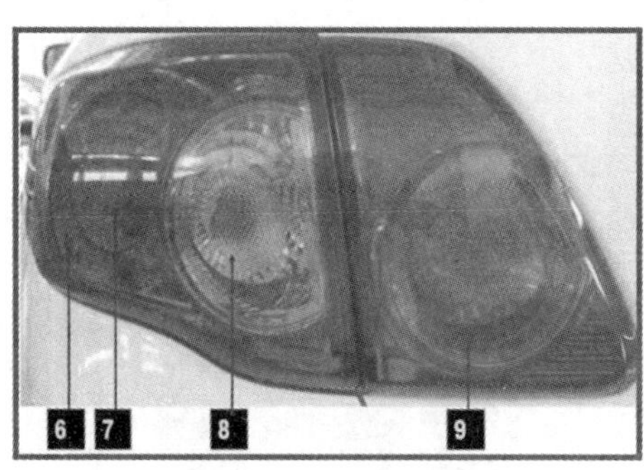

（3）请将左图所示灯光的名称与序号进行连线（连线题）。

6	刹车灯
7	转向灯
8	后雾灯
9	小灯

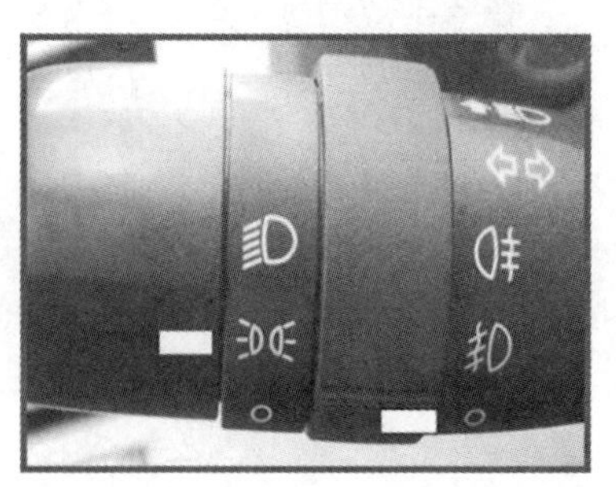

（4）左图所示位置，在点亮的左侧灯光名称上打“√”：（前小灯、前转向灯、后转向灯、后小灯）；同时，仪表板、空调面板等夜光照明灯__________。

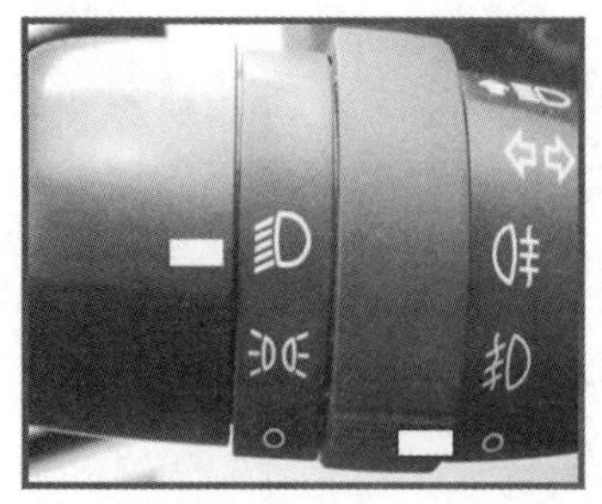

（5）左图所示位置，在点亮的右侧灯光名称上打“√”：（前小灯、前近光灯、前远光灯、前转向灯、后转向灯、后小灯）。

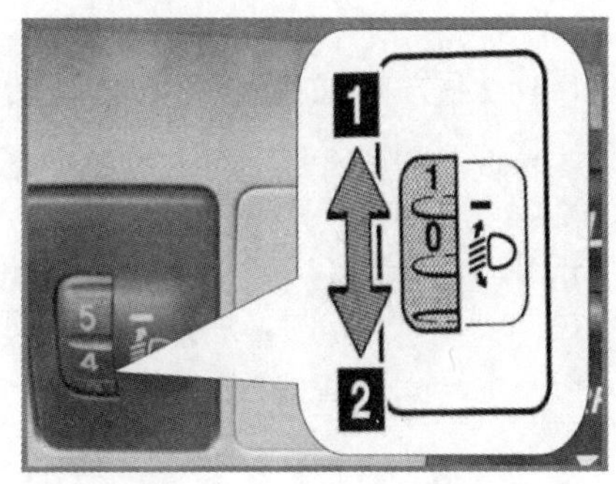

（6）前照灯光束的调整只在________时可操作。

向“1”的方向转动调节轮时，前照灯光束________。

向“2”的方向转动调节轮时，前照灯光束________。

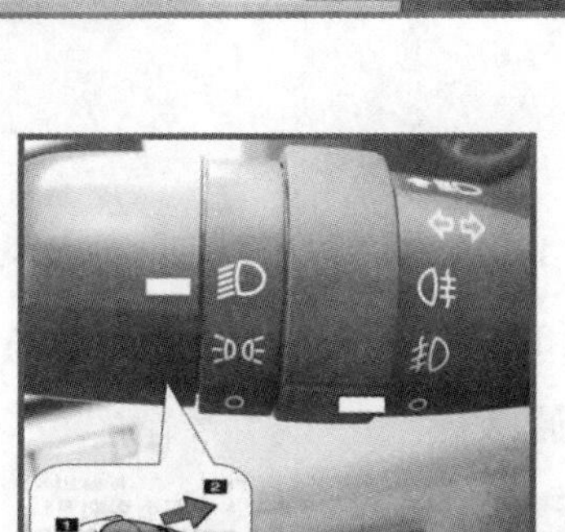

（7）左图所示位置，将变光控制杆沿方向柱纵向下压（方向 1），点亮的左侧外部灯光有____________，仪表板上点亮的指示灯有____________。

（8）左图所示位置，点亮的左侧外部灯光有____________________，仪表板上点亮的指示灯有__________________。

（9）左图所示位置，点亮的左侧外部灯光有____________________，仪表板上点亮的指示灯有____________________。

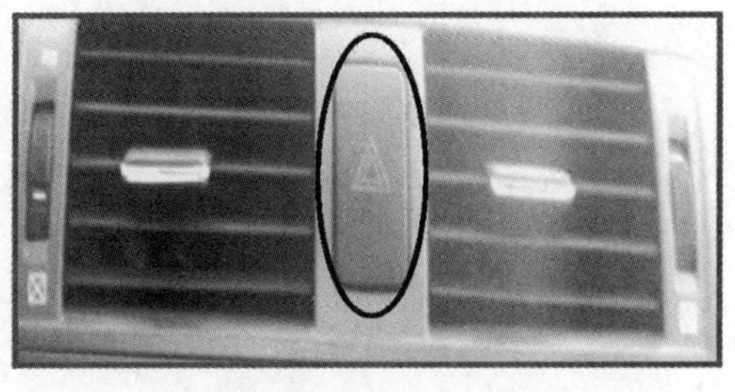

（10）按下危险警告开关时，点亮的外部灯光有____________________，仪表板上点亮的指示灯有________________。

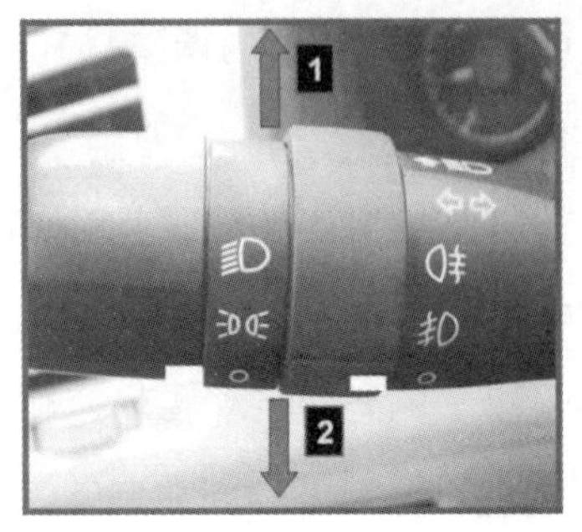

（11）沿方向柱横向上下拉动转向开关：拉向“1”的方向，点亮的外部灯光有__________，仪表指示灯有________。

拉向“2”的方向，点亮的外部灯光有__________，仪表指示灯有__________。

8．雨刮器的检查。

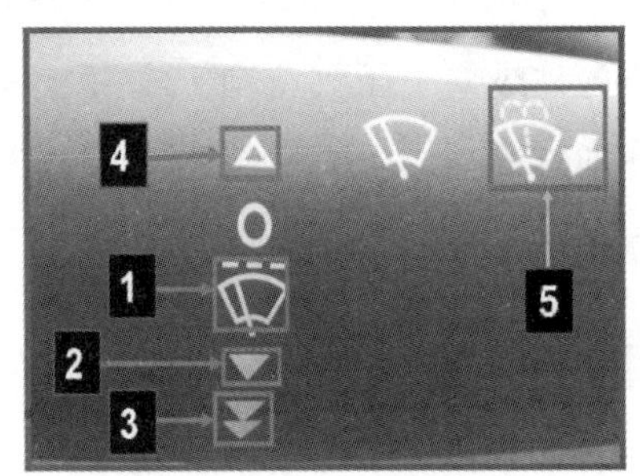

（1）请将左图所示雨刮开关标识的序号和功能进行连线（连线题）。

1	高速挡
2	点动挡
3	喷水
4	间隙挡
5	低速挡

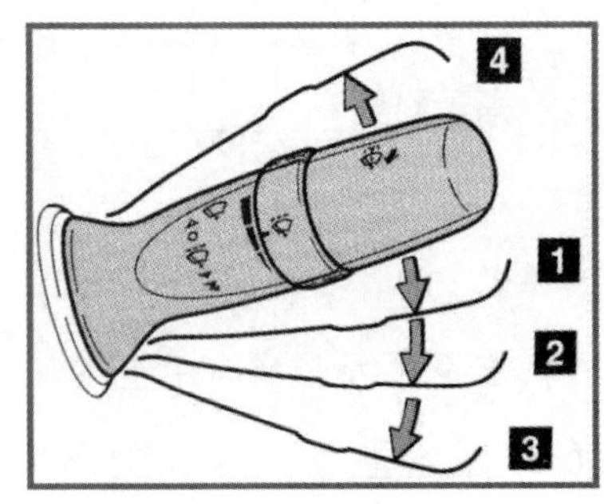

（2）刮水速度最快的挡位是______，刮水速度相同的挡位是________，雨刮开关处于位置“4”时，刮水器刮动________次。

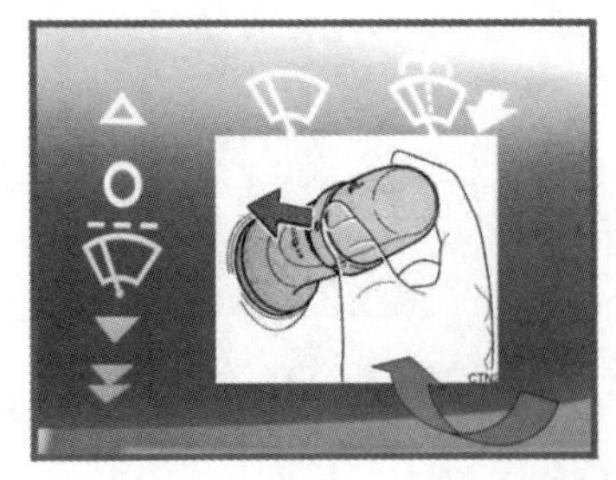

（3）检查雨刮喷水动作：雨刮喷水时，刮水器刮动______次。

9. 后视镜的检查。

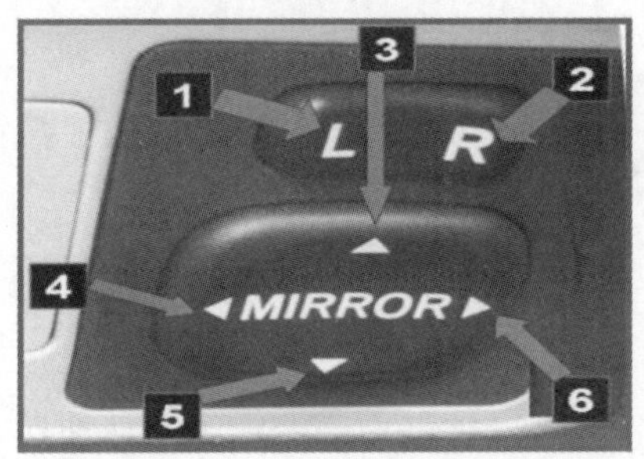

（1）后视镜开关各按钮的功能（连线题）。

1　　右侧镜
2　　左侧镜
3　　向下运动
4　　向右运动
5　　向上运动
6　　向左运动

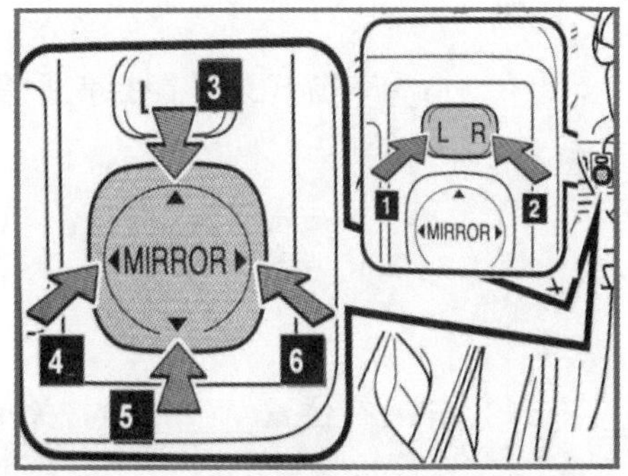

（2）欲使左边后视镜向右、向上移动，操作的按钮分别是______________。

欲使右边后视镜向左、向下移动，操作的按钮分别是________________。

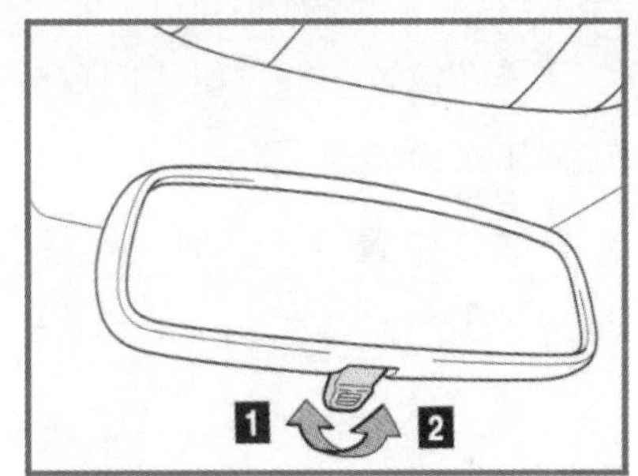

（3）执行动作______，将关闭后视镜防炫目功能。

10. 电动车窗的检查。

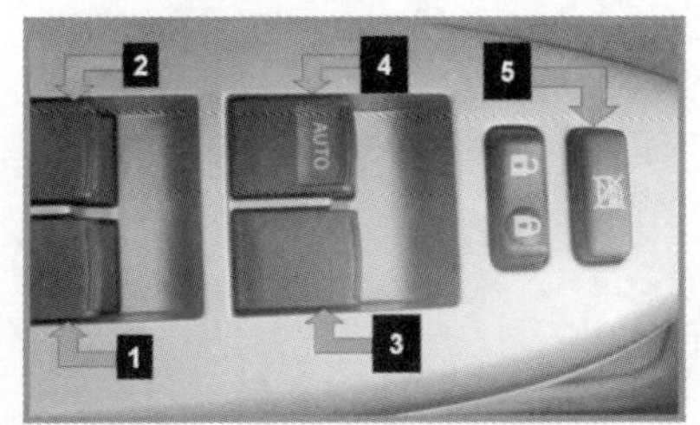

（1）电动车窗主开关各按钮的功能（连线题）。

1　　左后车窗
2　　右后车窗
3　　右前车窗
4　　左前车窗
5　　电动车窗锁止开关

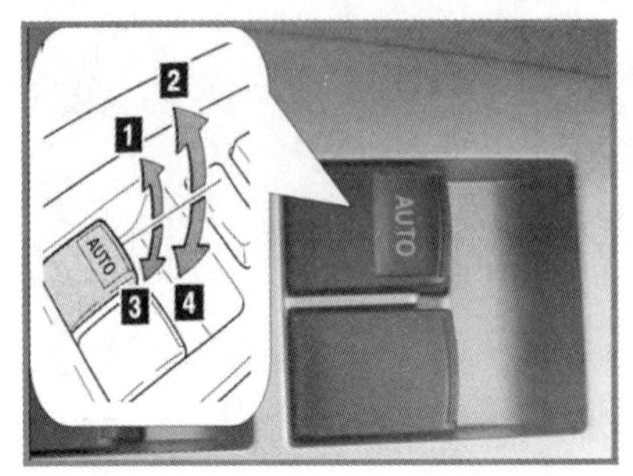

（2）执行动作______，电动车窗（单触式）自动关闭。

执行动作______（一直按住按钮），电动车窗自动打开。

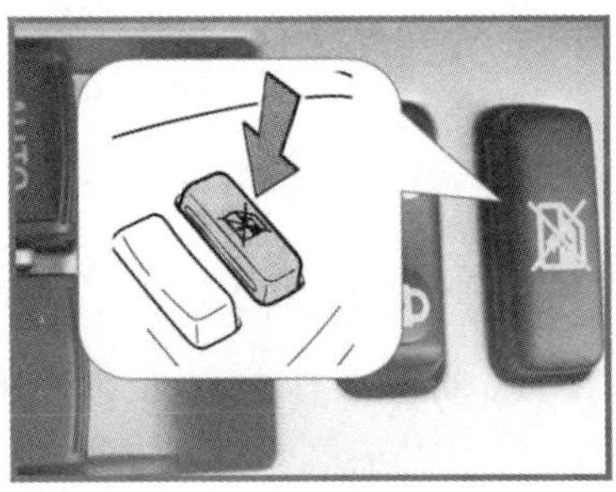

（3）按下电动车窗锁止按钮后，

________车窗开关可以控制后部车窗工作；

________车窗开关不能控制后部车窗工作。

11．车内灯的检查。

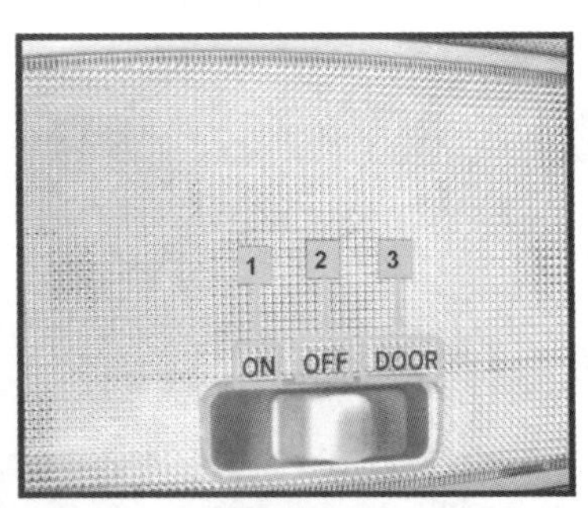

（1）开关在位置______时，关闭所有车门，门控灯熄灭。

开关在位置______时，门控灯将常亮，可用于车内照明。

开关在位置______时，如果有车门未关闭，则门控灯在 20 min 后自动熄灭。

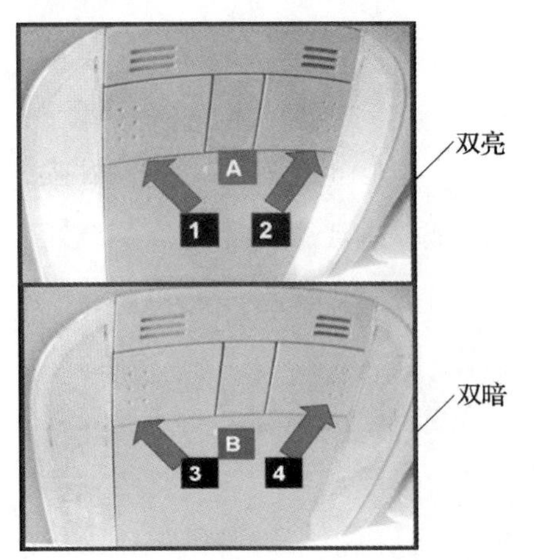

（2）由状态“A”变为状态“B”，需要操作的按钮是______________。

12. 空调的检查。

（1）请将下图所示空调面板各按键的作用与功能填入下表。

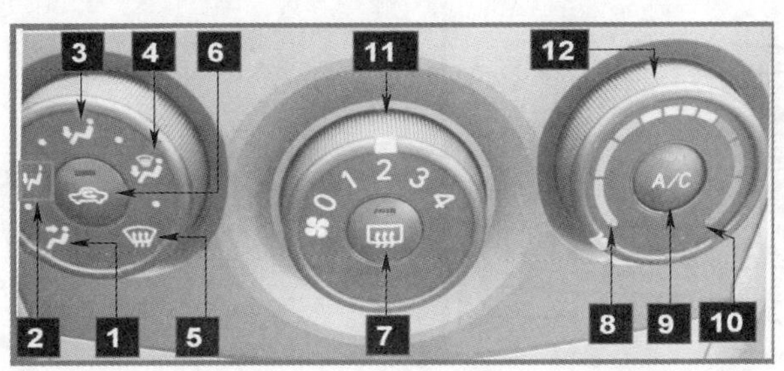

序号	作用与功能	序号	作用与功能
1	吹脸	7	
2	吹脚与吹脸	8	最冷
3		9	
4	吹脚与除霜	10	最热
5		11	鼓风机转速
6	内循环	12	冷暖开关

（2）下面四幅图所示的吹风模式分别是什么？

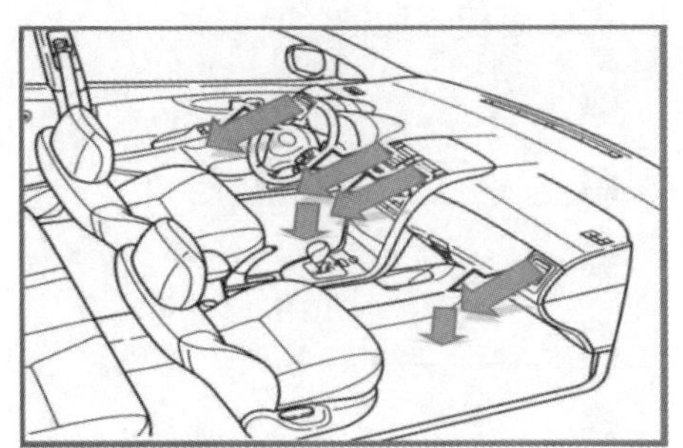

吹风模式__________

吹风模式__________

吹风模式__________

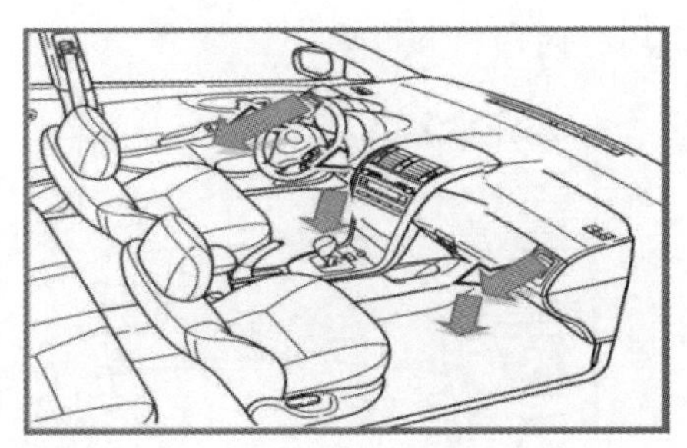

吹风模式__________

(3) 如何调整出风口风向?

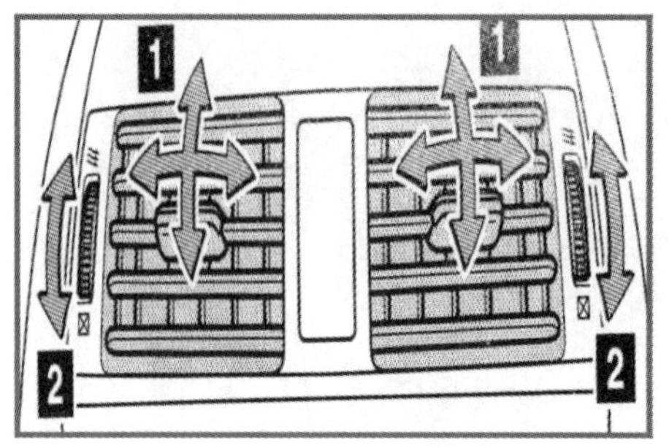

执行动作________可以调整出风口风向。

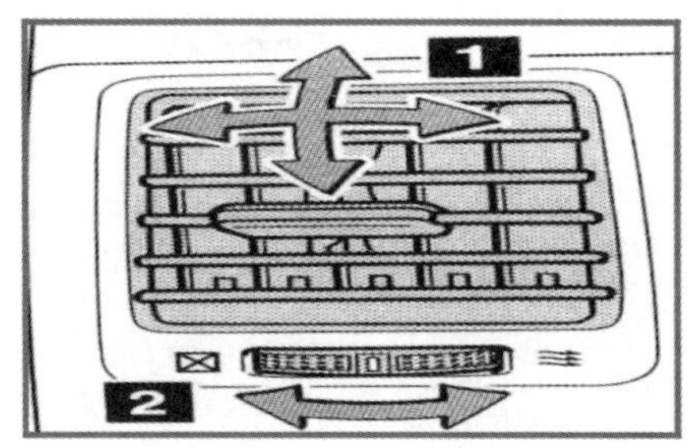

执行动作________可以关闭出风口。

13. 音响的检查。

音响面板各按键的功能是:

1 ________________

2 ________________

3 ________________

4 ________________

5 ________________

6 ________________

14. 储物箱的检查。

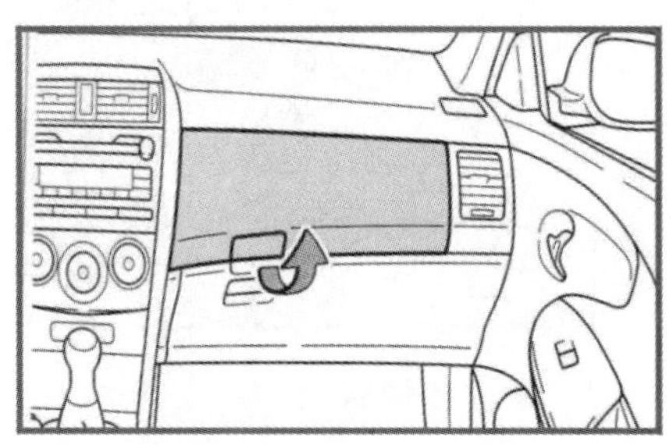

(1) 下图动作应为______杂物箱。

A. 打开　　B. 关闭

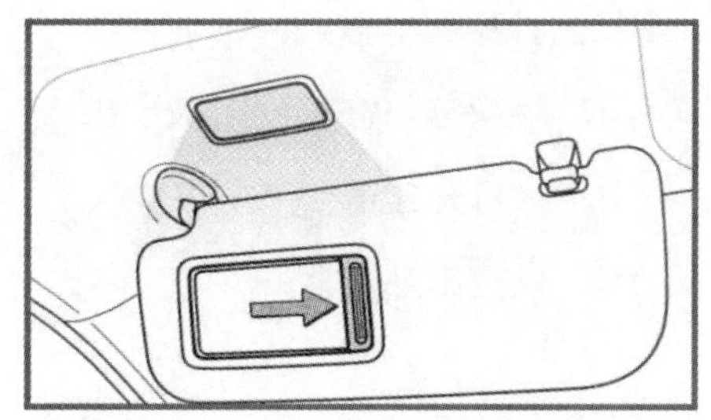

（2）下图动作应为____化妆镜。

A．打开　　B．关闭

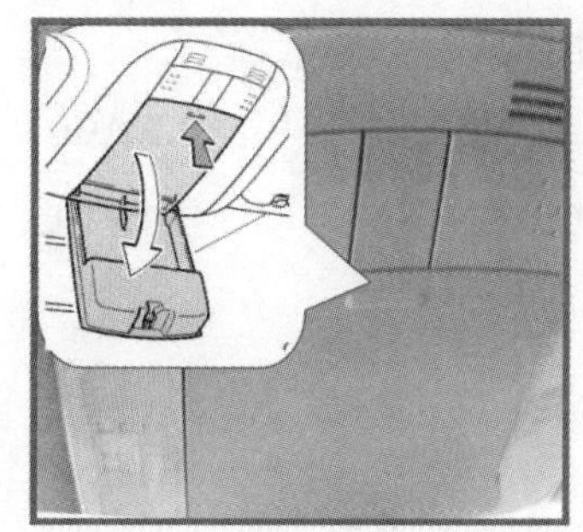

（3）车顶储物盒适合放置的物品包括______。

A．罐装汽水　　B．眼镜

C．瓶装矿泉水　　D．硬币

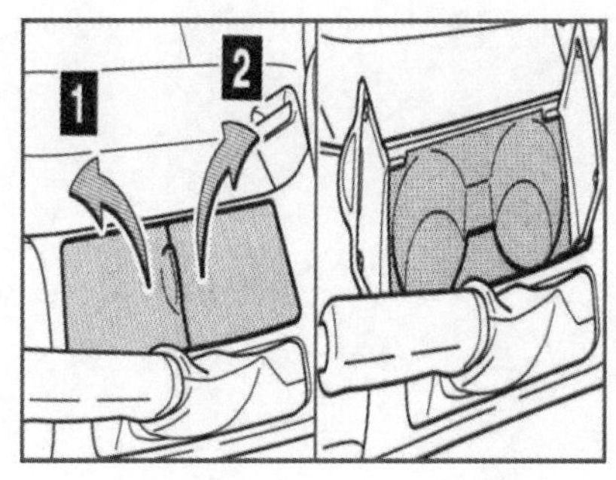

（4）打开中控台杯架的顺序是____。

A．先打开“1”，再打开“2”

B．先打开“2”，再打开“1”

15．烟灰盒的检查。

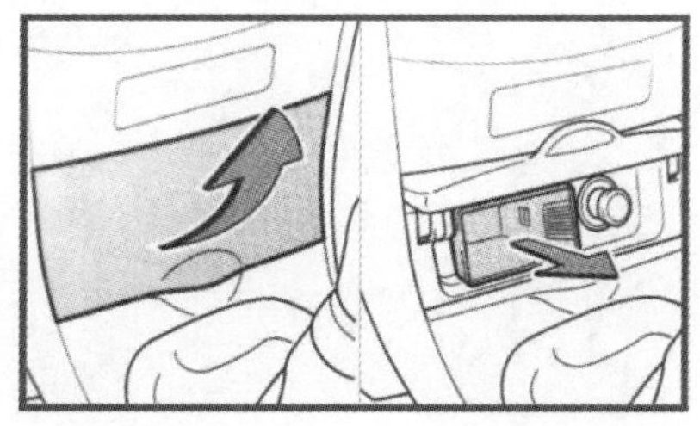

（1）左图所示类型的烟灰盒，若打开烟灰盒，拉起盒盖后______。

A．烟灰盒与盒盖同时被拉出

B．只打开盒盖

C．只拉出烟灰盒

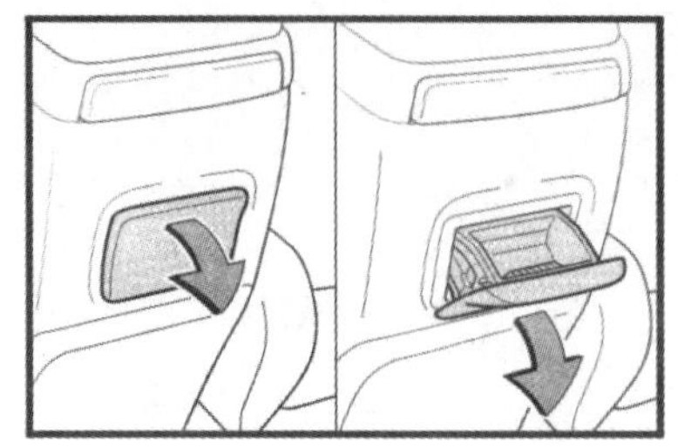

（2）左图所示类型的烟灰盒，若打开烟灰盒，拉起盒盖后______。

A. 烟灰盒与盒盖同时被拉出

B. 只打开盒盖

C. 只拉出烟灰盒

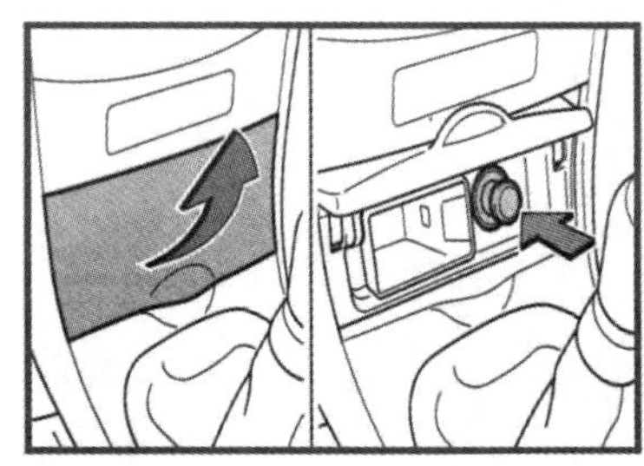

（3）点烟器在点火开关处于______位置时才可以工作。

A. LOCK　　B. ACC

C. ON　　D. STRAT

学习活动 4　新车发动机舱检查

学习目标

1. 能认识车辆发动机舱内各部件名称及位置，并叙述其功能。

2. 能列举新车发动机舱检查的作业项目。

3. 能识别发动机舱各油、液加注口，并能按照要求检查油、液量。

4. 能检查三滤、蓄电池状态，检查有无泄露，并保持机舱清洁。

5. 能掌握新车发动机舱检查用工量具的使用方法和步骤，了解工量具使用安全事项。

6. 能与他人合作，进行有效沟通。

建议学时　8 学时。

学习准备

1. 工量具、仪器设备：万用表、冰点测试仪、常规维修工具。

2. 辅助工具：翼子板布、手电筒。

3. 其他材料：车辆使用手册、教学用整车。

学习过程

一、认识汽车发动机舱内各部件

1. 按照汽车驱动方式的不同，汽车发动机舱一般位于汽车的什么部位？试举例说明。

2. 汽车发动机舱的开启方法有哪些？开启后，如何支撑发动机舱盖？

3. 发动机舱内都包含哪些部件？请参考下图，分别将部件位置编号与其名称对应起来。

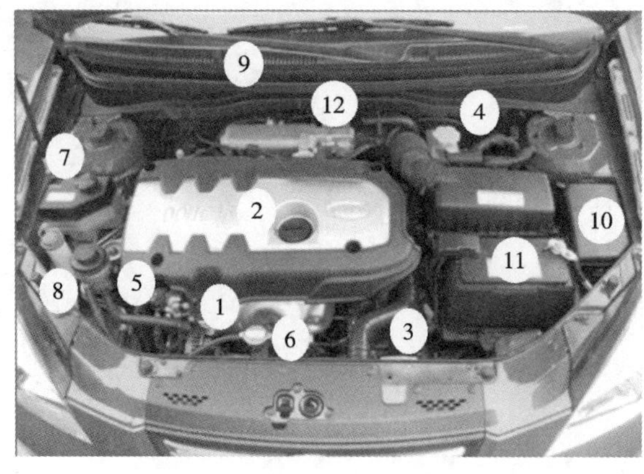

（1）编号________是发动机油加注口

（2）编号________是自动变速器油尺

（3）编号________是离合器、制动油加注口

（4）编号________是动力转向油加注口

（5）编号________是水箱加注口

（6）编号________是防冻液辅助水箱

（7）编号________是玻璃清洁液加注口

（8）编号________是雨刮器

（9）编号________是熔丝盒

（10）编号________是蓄电池

（11）编号________是节气门体

（12）编号________是发动机油尺

4. 打开发动机舱盖并支撑好，放置好相应的辅助工具（结合下图）。检查发动机舱的辅助工具包括哪些？应分别放置在什么部位？

二、列举发动机舱检查项目

通过学习活动 1 识读新车检查单的过程，可以了解到新车发动机舱检查的作业项目有哪些？每个作业项目中的作业内容包括什么？请罗列在下表中。

作 业 项 目	作 业 内 容

三、掌握发动机舱检查内容及检查方法

1. 发动机号码一般位于发动机舱内，请找到该号码，并拓印下来。

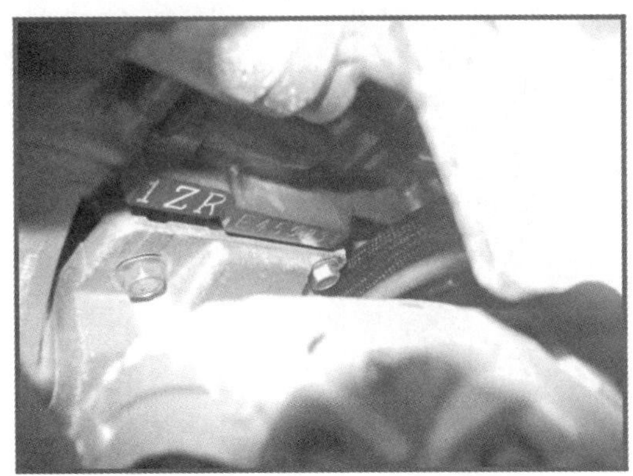

（1）拓印纸粘贴处

____

（2）本发动机型号

____

（3）本发动机顺序号

____

2. 下图箭头所示部件名称是什么？有何功用？应该怎样调整？

（1）部件名称

____

（2）部件功用

____

____

（3）调整方法

____

____

____

3. 目视检查发动机及发动机舱是否存在渗漏及损坏。

检查发动机及附件有无油污、灰尘，尤其是缸盖与缸体接合处、机油滤清器接口处，空调压缩机、转向助力泵、传动轴等结合缝隙处有无渗漏。

发动机舱的主要检查管路包括：

____

____

____

4. 检查蓄电池液面高度。

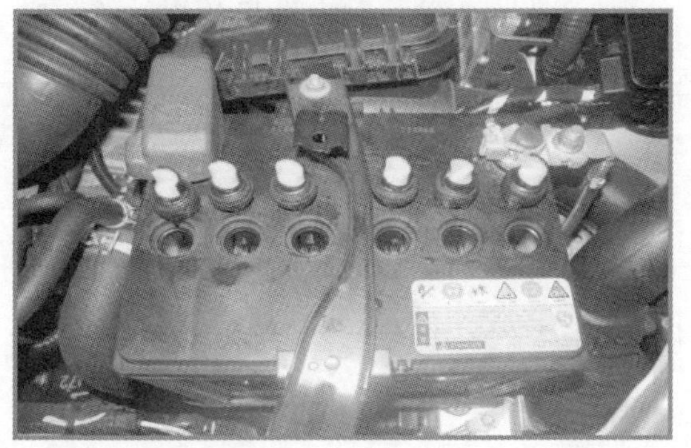

（1）检查蓄电池液面高度的方法是什么?

____

____

____

（2）检查后，蓄电池液面高度是否合格?

____

____

____

5. 检查蓄电池桩头紧固情况。

（1）蓄电池桩头紧固力矩是__________。

（2）蓄电池桩头氧化、腐蚀的简单处理方法是什么?

____

____

____

小提示：如果蓄电池正极线没有紧固，应首先断开电瓶负极线以避免发生事故。

6. 检查熔丝继电器盒，指出各颜色熔丝对应的电流数值。

（1）红色熔丝__________A

（2）白色熔丝__________A

（3）蓝色熔丝__________A

（4）黄色熔丝__________A

（5）绿色熔丝__________A

7. 检查搭铁线。

（1）在实车上找到发动机的搭铁线，它在什么位置？

____

（2）为什么发动机不止一条搭铁线？

____

____

____

8. 检查风窗清洗喷嘴喷射角度及位置（必要时调整）。

（1）风窗清洗喷嘴在什么位置？

____

（2）风窗清洗喷嘴喷射角度是否合适？

____

____

（3）调整风窗清洗喷嘴的工具是什么？

____

小提示：有些车辆厂家还提供专用工具进行调整。

9. 发动机冷态时检查冷却液液位。

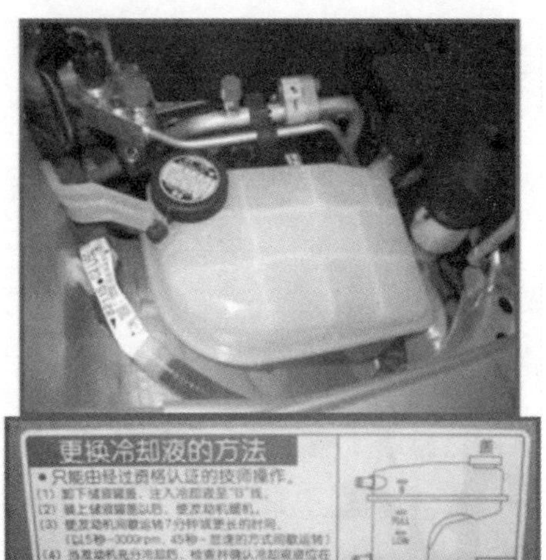

（1）冷却液液位应该如何检查？

____

____

____

（2）冷却液液位正常位置应该在________________________之间。

（3）更换冷却液的方法是什么？

____

____

____

____

____

10. 雨刮器玻璃水的检查。

雨刮器玻璃水的正常液位应在____________________之间。

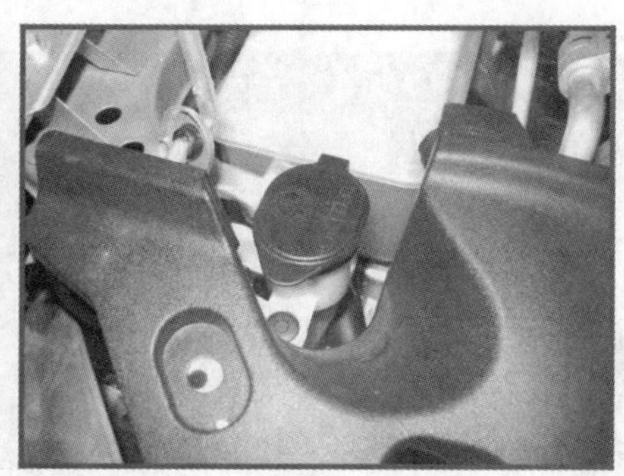

11. 发动机机油的作用、型号，以及发动机油的检查。

（1）发动机油的作用是（　　　）。（多项选择题）

A. 冷却　　B. 润滑　　C. 密封　　D. 清洗　　E. 防锈防蚀

F. 减振缓冲　　G. 减摩

（2）发动机油型号 10W—40 中的数字和字母分别代表什么含义？（连线题）

10	冬季
W	耐高温指标
40	低温黏度指标

（3）检查发动机油液位、颜色和气味。

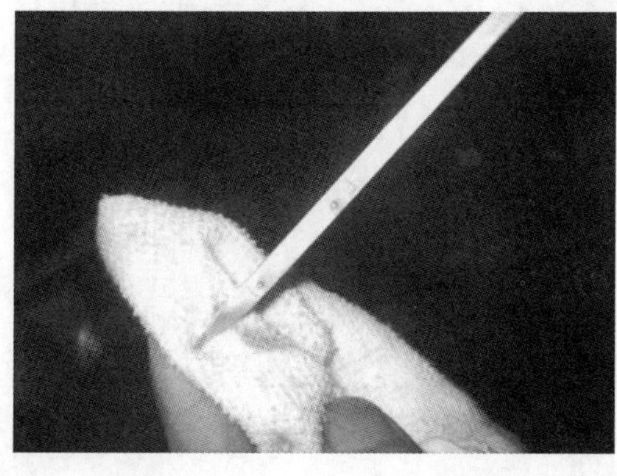

检查项目	正常	不正常
液位		
颜色		
气味		

(4) 更换发动机油。

1) 更换机油前检查机油液位的原因是什么?

____

____

____

2) 更换机油后怎样进行液位检查?

____

____

____

(5) 如下图所示，发动机油位的正确位置应在______________________________之间。

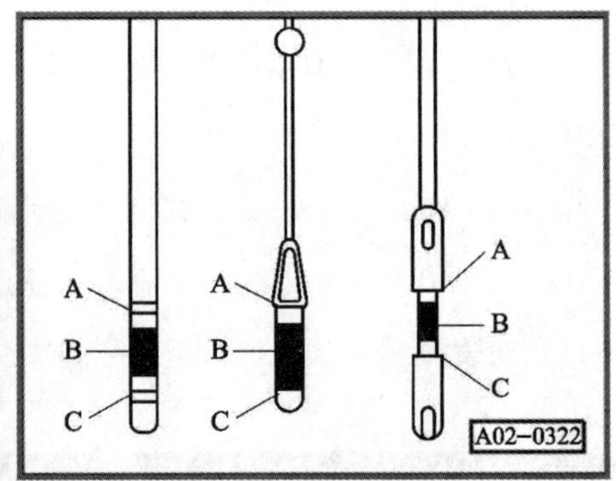

小提示

A. 机油油位上限（此时不可再添加机油）

B. 可加注机油（最多加注到位置 A)

C. 机油油位下限（此时必须加注机油，可加注到 B 区，最多加注到位置 A)

12. 自动变速箱主传动器油位检查（必要时添加)。

检查自动变速器油位前应做哪些准备工作?

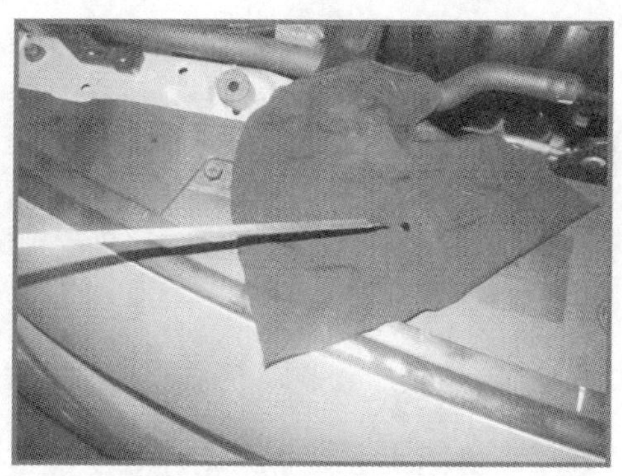

13. 空调管路检查。

空调制冷工作状态下，如何在观察窗内判断其是否工作正常?

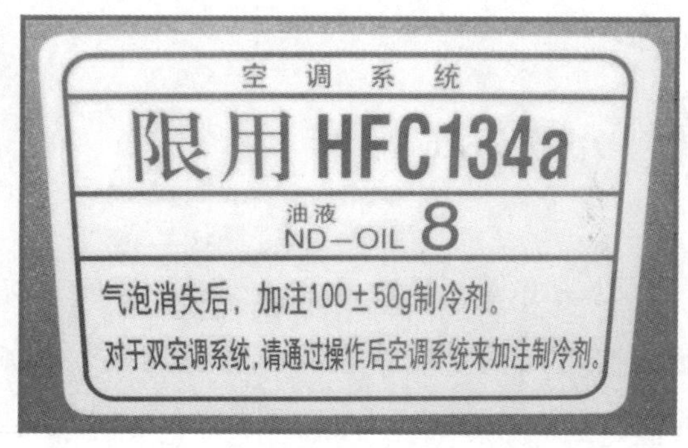

14. 对制动液进行操作或储藏制动液时，需遵守哪些安全规定?

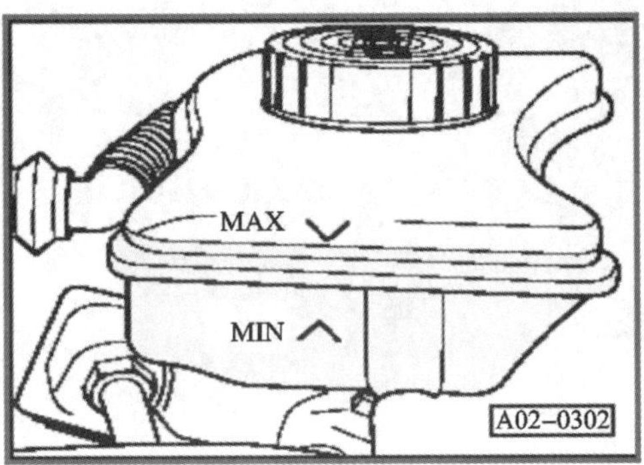

小提示

制动液有毒，并且具有腐蚀性，因此，不得使制动液接触油漆表面；制动液有吸湿性，可从周围空气中吸收水分，因此，必须保证制动液罐的密封性。

15. 空气滤清器的检查。

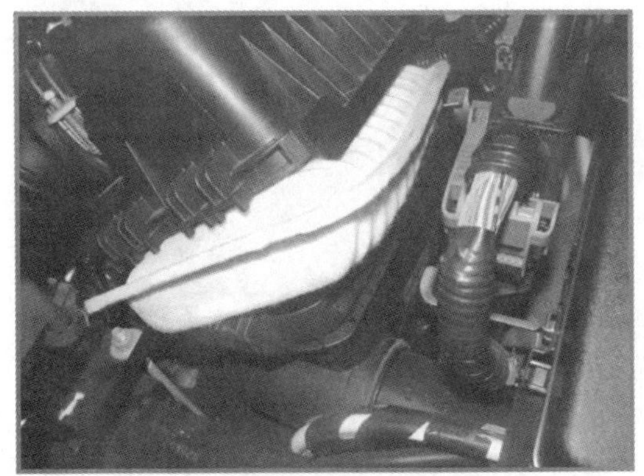

（1）请取出空气滤清器，清洁后再装回。

（2）空气滤清器的更换周期及里程数是多少?

____

____

____

16. 发动机皮带的检查。

（1）检查步骤：

____

____

____

（2）左图圆圈所示螺栓有何作用？

____

____

（3）左图圆圈所示部件的标记指示为何物？

____

____

17. 汽油发动机的点火系统有哪些类型？下图所示发动机点火系统属于______________________________类型的点火系统。

汽车点火系统的类型有哪些？

____

____

____

学习活动5　新车底盘检查

学习目标

1. 能认识新车底盘各部件名称及位置，并叙述其功能。

2. 能列举新车底盘检查的作业项目。

3. 能按照制定的新车底盘检查流程进行新车底盘检查作业。

4. 能掌握新车底盘检查用工量具的使用方法和步骤，了解工量具使用安全事项。

5. 能与他人合作，进行有效沟通。

建议学时　8学时。

学习准备

1. 工量具、仪器设备：举升机、扭力扳手、气压表、常规维修工具。
2. 辅助工具：座套、方向盘套、脚垫、翼子板布、中网布、挂挡杆套、手电筒。
3. 其他材料：车辆使用手册、教学用整车。

学习过程

一、认识新车底盘各部件

1. 查阅车辆使用手册，认识教学用整车的驱动形式。

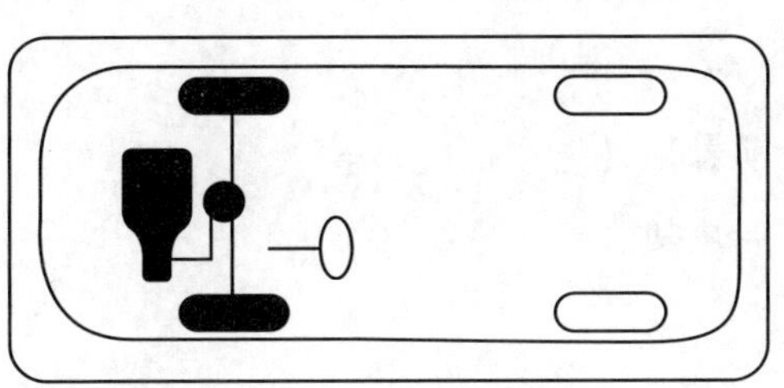

（1）教学用整车的发动机安装位置：
____

（2）变速箱的安装位置：
____

（3）驱动形式是以下哪一种？

A. 前置前驱（　　）

B. 前置后驱（　　）

C. 后置后驱（　　）

D. 四轮驱动（　　）

2. 下面两图是两种变速形式的汽车挡位，请分别说出它们分别属于哪种挡位，并结合该题，判断教学用整车采用的是__________变速箱。

左图的挡位操纵机构属于哪一种变速箱的？

自动变速箱（　　）

手动变速箱（　　）

左图的挡位操纵机构属于哪一种变速箱的？

自动变速箱（　　）

手动变速箱（　　）

小提示

自动变速箱根据发动机转速及车速不同，由自动变速箱计算机（TCM）自动选择相应的挡位，以适应车辆的行驶需要。

3．认识悬架、转向系统及制动系统。

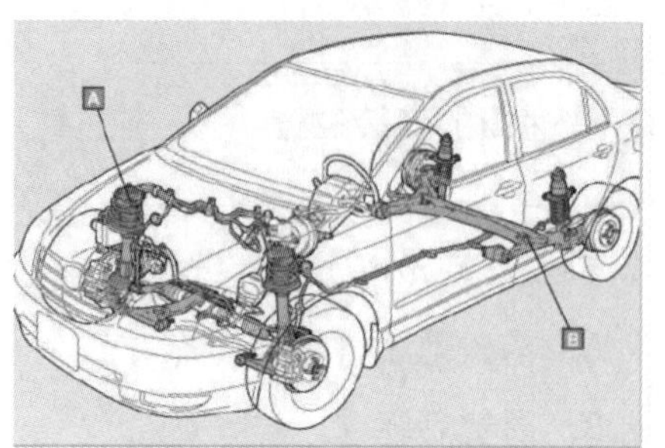

（1）左图颜色突出部分所示部件分别为：

前悬架（　　）

后悬架（　　）

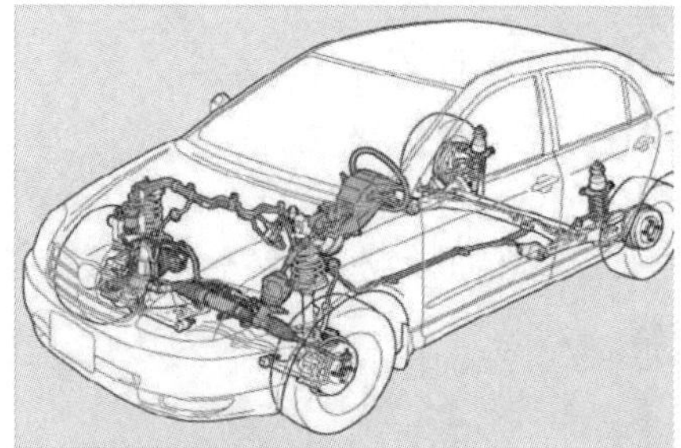

（2）左图颜色突出部分所示部件为转向系统，转向系统的作用是______________________________

其组成包括：

____

____

____

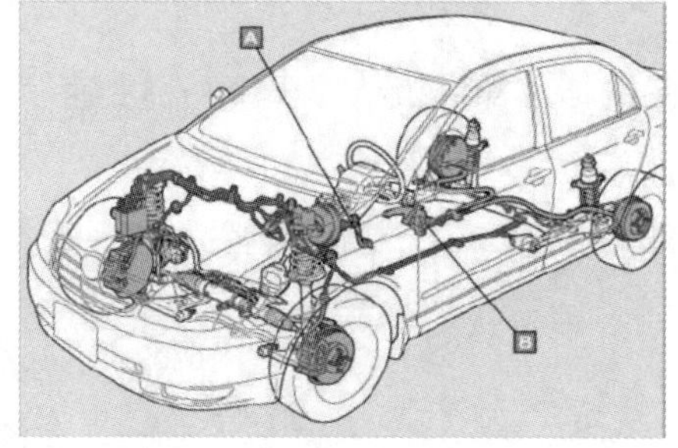

（3）左图颜色突出部分所示部件分别为：

行车制动（　　）

驻车制动（　　）

4．认识轮胎及轮胎的类型。

（1）轮胎的作用是：通过与路面的接触来______________车辆。

（2）认识轮胎的类型

左图中，子午线轮胎________的应用场合是______________，斜交轮胎________的应用场合是______________。

5．制动器的认识。

观察教学用整车，其前后轮的制动器分别为：

（1）前轮是＿＿＿＿＿＿制动器，检查内容有＿＿＿＿＿＿＿＿＿＿＿＿＿＿。

（2）后轮是＿＿＿＿＿＿制动器，检查内容有＿＿＿＿＿＿＿＿＿＿＿＿＿＿。

二、列举新车底盘检查项目

通过学习活动 1 识读新车检查单的过程，可以了解到新车底盘检查的作业项目有哪些？每个作业项目中的作业内容包括什么？请罗列在下表中。

作 业 项 目	作 业 内 容

三、认识新车底盘检查工具

1．参考下图，按图中序号写出相应工具的名称，并简单地写出它们的使用场合。

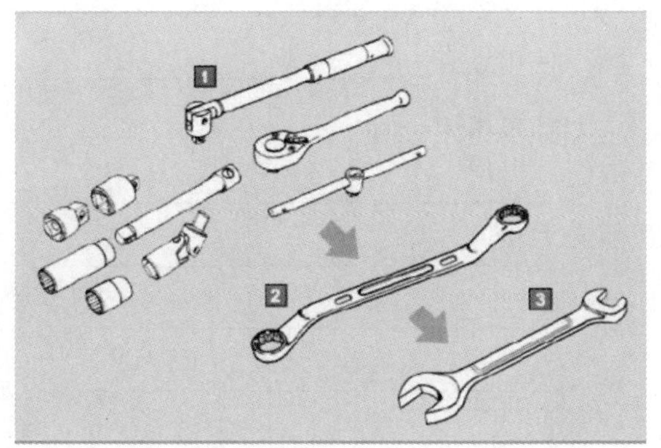

（1）工具 1 的名称与使用场合

＿＿＿＿＿＿＿＿＿＿＿＿＿＿＿＿＿＿＿＿

＿＿＿＿＿＿＿＿＿＿＿＿＿＿＿＿＿＿＿＿

（2）工具 2 的名称与使用场合

＿＿＿＿＿＿＿＿＿＿＿＿＿＿＿＿＿＿＿＿

＿＿＿＿＿＿＿＿＿＿＿＿＿＿＿＿＿＿＿＿

（3）工具 3 的名称与使用场合

＿＿＿＿＿＿＿＿＿＿＿＿＿＿＿＿＿＿＿＿

＿＿＿＿＿＿＿＿＿＿＿＿＿＿＿＿＿＿＿＿

2. 参考下图，写出图中工具盒中工具的名称、型号及规格。

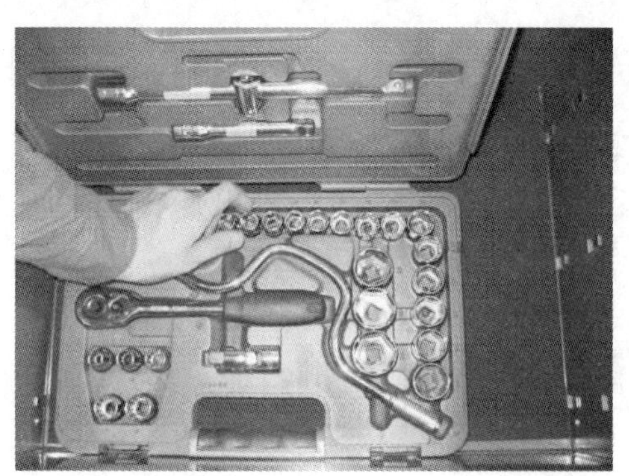

名称	型号及规格	名称	型号及规格

3. 参考下图，写出该类工具的名称、使用场合及注意事项，并在教师的指导下学习该工具的使用方法。

名称：________________

使用场合：________________

注意事项：

____

____

____

____

四、掌握底盘检查内容及检查方法

1．认识气压表，并回答下列问题。

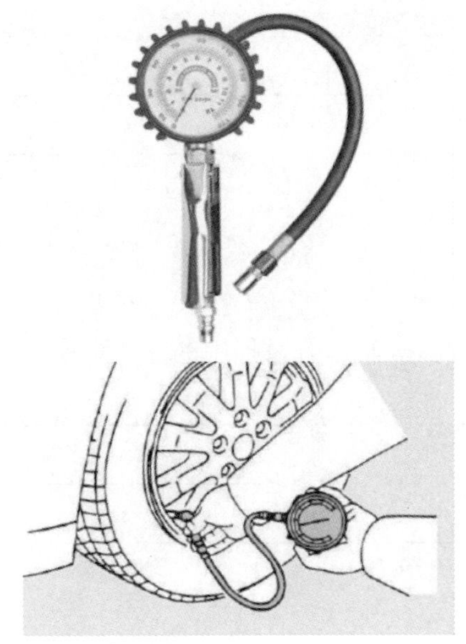

（1）单位换算：

1 kgf/cm^2 = ________bar = ________psi

（2）一般轿车轮胎气压范围为：

____

（3）请在车辆使用手册中查出本车型的前后轮胎胎压：前轮胎压____________、后轮胎压__________、备胎胎压________。

（4）请摘录车辆使用手册中关于车辆轮胎压力测试的注意事项。

____

____

____

____

2．轮胎的检查项目包括轮胎检查（外部损坏、胎面________深度和________状况检查）、气压调节和轮胎旋转方向检查。

结合车辆使用手册和下图，完成汽车“下部检查”中轮胎部分的检查。

下部检查	正常	不正常
（1）确认轮胎螺母的扭矩		
（2）调整轮胎的气压		
（3）检查轮胎的损坏情况		

3. 车辆举升时的注意事项。

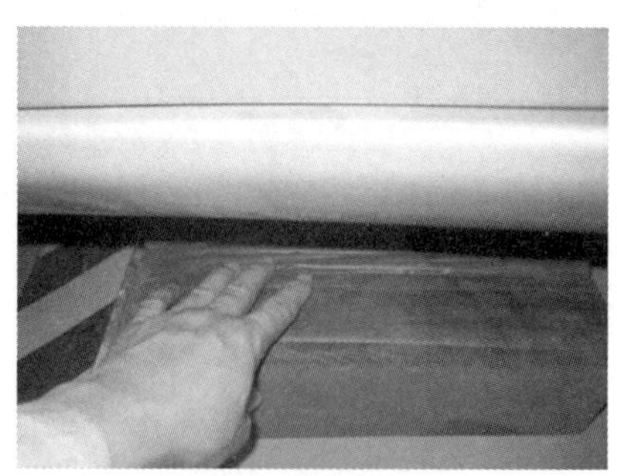

(1) 车辆举升时的注意事项:

____

____

____

(2) 车辆举升过程中的注意事项:

____

____

____

(3) 车辆举升到合适位置时的注意事项:

____

____

____

4. 汽车底盘前部的检查作业。

(1) 底盘前部的检查项目包括哪些?

____

____

____

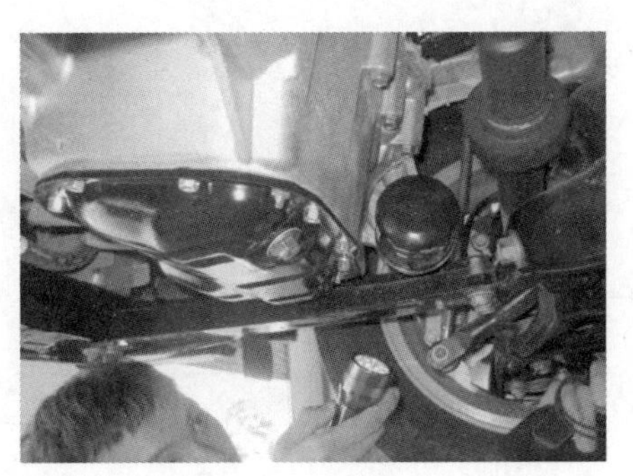

（2）底盘前部漏油、漏液情况的检查方法是：

____

____

____

（3）教学用整车前悬架属于________悬架系统，该系统的优点是什么？

____

____

____

（4）前半轴的检查方法是：________

____

前下摆臂的检查方法是：________

____

5. 汽车底盘后部的检查作业。

（1）教学用整车后悬架属于________悬架系统，该系统的优点是什么？

____

____

____

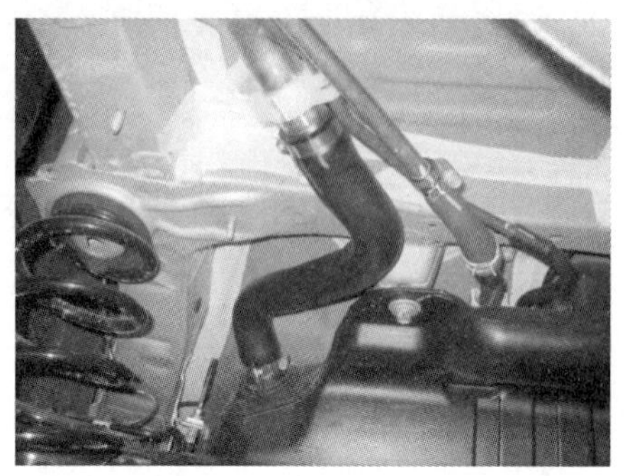

（2）油箱及燃油系统管路的检查内容：

____

____

____

（3）排气管的检查内容：

____

____

____

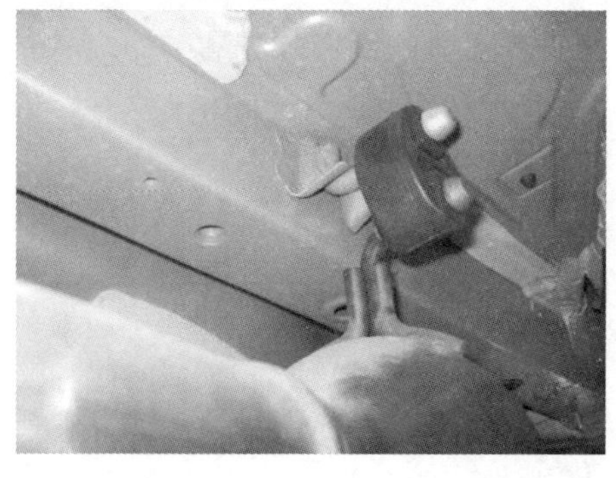

（4）排气管悬吊装置的检查：吊胶、吊架性能状态______________。

6. 汽车底盘各可见螺栓拧紧力矩及紧固状态检查。

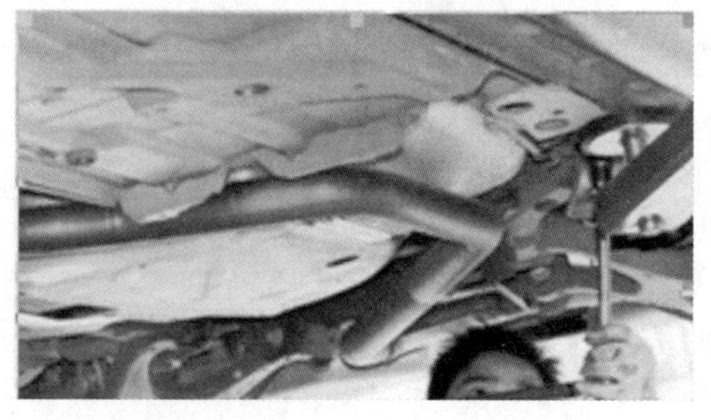

查阅车辆使用手册，将底盘需要检查的螺栓的名称与拧紧力矩参数记录在下表中，同时记录检查结果。

名称	力矩参数	检查结果	名称	力矩参数	检查结果

五、填写交车检查证明

新车检查合格后，需要填写 PDI 检查表各项内容，并填写交车检查证明，加盖经销商 PDI 公章。请根据各项检查结果，填写 PDI 表格，并提交交车检查证明。

交车检查证明

本车交付用户前已按生产厂规定完成交车前检查，质量符合生产厂技术规范，兹证明。

交车日期：

经销单位盖章

下次保养约定

日期：__________________

里程（千米）：______________

以先达到者为准

学习任务三评价表

班级：__________ 姓名 ：__________ 学号：________

<table>
<tr><th rowspan="3">项目</th><th colspan="3">自我评价</th><th colspan="3">小组评价</th><th colspan="3">教师评价</th></tr>
<tr><th>10～9</th><th>8～6</th><th>5～1</th><th>10～9</th><th>8～6</th><th>5～1</th><th>10～9</th><th>8～6</th><th>5～1</th></tr>
<tr><th colspan="3">占总评 10%</th><th colspan="3">占总评 30%</th><th colspan="3">占总评 60%</th></tr>
<tr><td>学习活动 1</td><td></td><td></td><td></td><td></td><td></td><td></td><td></td><td></td><td></td></tr>
<tr><td>学习活动 2</td><td></td><td></td><td></td><td></td><td></td><td></td><td></td><td></td><td></td></tr>
<tr><td>学习活动 3</td><td></td><td></td><td></td><td></td><td></td><td></td><td></td><td></td><td></td></tr>
<tr><td>学习活动 4</td><td></td><td></td><td></td><td></td><td></td><td></td><td></td><td></td><td></td></tr>
<tr><td>学习活动 5</td><td></td><td></td><td></td><td></td><td></td><td></td><td></td><td></td><td></td></tr>
<tr><td>协作精神</td><td></td><td></td><td></td><td></td><td></td><td></td><td></td><td></td><td></td></tr>
<tr><td>纪律观念</td><td></td><td></td><td></td><td></td><td></td><td></td><td></td><td></td><td></td></tr>
<tr><td>表达能力</td><td></td><td></td><td></td><td></td><td></td><td></td><td></td><td></td><td></td></tr>
<tr><td>工作态度</td><td></td><td></td><td></td><td></td><td></td><td></td><td></td><td></td><td></td></tr>
<tr><td>安全意识</td><td></td><td></td><td></td><td></td><td></td><td></td><td></td><td></td><td></td></tr>
<tr><td>任务总体表现</td><td></td><td></td><td></td><td></td><td></td><td></td><td></td><td></td><td></td></tr>
<tr><td>小计</td><td colspan="3"></td><td colspan="3"></td><td colspan="3"></td></tr>
<tr><td>总评</td><td colspan="9"></td></tr>
</table>

任课教师：________ 年 月 日